Inklusion praktisch

Herausgegeben von

Stephan Ellinger und
Traugott Böttinger

Band 1

Traugott Böttinger

Inklusion

Gesellschaftliche Leitidee und schulische Aufgabe

Verlag W. Kohlhammer

Dieses Werk einschließlich aller seiner Teile ist urheberrechtlich geschützt. Jede Verwendung außerhalb der engen Grenzen des Urheberrechts ist ohne Zustimmung des Verlags unzulässig und strafbar. Das gilt insbesondere für Vervielfältigungen, Übersetzungen, Mikroverfilmungen und für die Einspeicherung und Verarbeitung in elektronischen Systemen.

1. Auflage 2016

Alle Rechte vorbehalten
© W. Kohlhammer GmbH, Stuttgart
Gesamtherstellung: W. Kohlhammer GmbH, Stuttgart

Print:
ISBN 978-3-17-031797-0

E-Book-Formate:
pdf: ISBN 978-3-17-031798-7
epub: ISBN 978-3-17-031799-4
mobi: ISBN 978-3-17-031800-7

Für den Inhalt abgedruckter oder verlinkter Websites ist ausschließlich der jeweilige Betreiber verantwortlich. Die W. Kohlhammer GmbH hat keinen Einfluss auf die verknüpften Seiten und übernimmt hierfür keinerlei Haftung.

Vorwort zur Reihe *Inklusion praktisch*

Inklusion ist nicht nur eine der schönsten pädagogischen Visionen überhaupt, sondern auch eine gesellschaftliche Vorstellung, die vor allem auf humanistischen Werten und Normen beruht. Im Vordergrund stehen Begriffe wie Gleichheit, Gerechtigkeit, Selbstwert, Teilhabe und Partizipation.

Aktion Mensch hat im Rahmen ihrer Inklusionskampagne 2013 einen kurzen Animationsfilm mit dem Titel *Inklusion ist ...* entworfen, der aufzeigt, mit welchen Hoffnungen der Begriff verbunden ist.

> Inklusion ist ...
> ... wenn alle mitmachen dürfen.
> ... wenn keiner mehr draußen bleiben muss.
> ... wenn Unterschiedlichkeit zum Ziel führt.
> ... wenn Nebeneinander zum Miteinander und Ausnahmen zur Regel werden.
> ... wenn anders sein normal ist.

Anders ausgedrückt: Bei *Inklusion* geht es also darum, die auf der gesetzlich-strukturellen Ebene formulierten Bestimmungen im täglichen Zusammenleben in den verschiedenen gesellschaftlichen Bereichen sichtbar und wirksam werden zu lassen.

Inklusion ist Utopie, Weg, Wertbegriff, Methode und Zielvorstellung zugleich und weckt vielfältige Wünsche und Hoffnung auf Veränderungen und gesellschaftliche Entwicklung. Dabei beschränkt sich Inklusion keinesfalls auf Schule. Dies verdeutlicht der Nationale Aktionsplan der Bundesregierung zur Inklusion, der Bildung als eines von zwölf verschiedenen Handlungsfeldern (u. a.

Arbeit und Beschäftigung, Bauen und Wohnen oder Kultur und Freizeit) behandelt.

Viele Autoren verbinden mit Inklusion weitreichende Vorstellungen und Hoffnungen, die sich auf verschiedenen Ebenen lokalisieren lassen.

Auf *gesellschaftlicher Ebene* ist das Ziel eine solidarische und sozial gerechte, diskriminierungs- und barrierefreie Gesellschaft ohne Ausgrenzung, die Diversität als Normalität ansieht. Chancengerechtigkeit für Menschen mit Behinderung soll unter anderem ermöglicht werden, indem keine Unterscheidungen zwischen behinderten und nicht behinderten Menschen vorgenommen werden und Behinderung als Zuschreibung und Kategorisierung erkannt wird.

Innerhalb des Bildungssystems soll eine chancen- und bildungsgerechte und weniger selektionsorientierte Schule für ausnahmslos alle Schüler entstehen. Inklusiver Unterricht ist kultur-, sprach- und gendersensibel und begreift Heterogenität nicht als Belastung, sondern als Chance und Bereicherung.

Personenbezogen steht Inklusion für den Versuch, Abhängigkeiten und Barrieren zu reduzieren und so u. a. Teilhabe und Partizipation sowie einen gleichberechtigten Zugang zum Arbeitsmarkt zu erreichen.

Dem geneigten Leser wird schnell deutlich, welch anspruchsvolle und zum Teil idealistische Vorstellungen an Inklusion herangetragen werden. Möglicherweise handelt es sich dabei sogar um eine Aufgabe, die eigentlich nicht zu erfüllen ist: Inklusion soll einen Umbruch, eine gesellschaftliche Transformation bzw. Emanzipation oder gar einen Neuanfang des menschlichen Zusammenlebens markieren, der in eine noch nie vorhandene Dimension vorzustoßen vermag und dabei die zahlreichen Verfehlungen in der Geschichte vergessen macht.

In der vor Ihnen liegenden Buchreihe geht es keinesfalls darum, Inklusion oder ihre Idee schlecht zu reden. Vielmehr soll vor überzogenen Ansprüchen gewarnt werden, an denen letztendlich jede große Idee scheitern muss. Zu diesem Zwecke erfolgt zunächst eine grundlegende Beschäftigung mit der Thematik, bevor die weiteren Bände konkrete schulische Felder der Inklusion beleuchten und Umsetzungshilfen für Förder- und Regelschullehrkräfte bereitstellen.

Wir hoffen, Sie als Leserinnen und Leser für eine Auseinandersetzung mit dem Themenfeld der Inklusion begeistern zu können und wünschen Ihnen eine abwechslungsreiche Lektüre!

Würzburg, im Dezember 2015
Prof. Dr. Stephan Ellinger und Dr. Traugott Böttinger

Einzelbände in der Reihe *Inklusion praktisch*

Band 1: Inklusion. Gesellschaftliche Leitidee und schulische Aufgabe
Band 2: Exklusion durch Inklusion? Stolpersteine bei der Umsetzung
Band 3: Sonderpädagogische Förderung in der Regelschule
Band 4: Organisationsentwicklung und Leitung in einer inklusiven Schule
Band 5: Kollegiale Kooperation in inklusiven Settings
Band 6: Umgang mit Lese-Rechtschreib-Schwierigkeiten in heterogenen Lerngruppen
Band 7: Konturen eines inklusiven Fachunterrichts Mathematik
Band 8: Teilhabe durch Grundbildung – Die Förderung Benachteiligter im Sekundarbereich I
Band 9: Umgang mit Migration in heterogenen Lerngruppen
Band 10: Lehrergesundheit in inklusiven Settings

Inhalt

Einführung: Inklusion als gesellschaftliche Leitthematik	11
Zielsetzungen dieses Bandes	12
Inhalt und Aufbau	13

1	Inklusion als gesellschaftlicher und schulischer Leitbegriff	17
1.1	Inklusion als Leitbegriff	18
1.2	Integration oder Inklusion? – Eckpunkte der Begriffsdiskussion	23
1.3	Der Umgang mit Behinderung – Von der Exklusion zur Inklusion	33

2	Bildungspolitische Meilensteine der schulischen Inklusion	39
2.1	Neuausrichtung der Heilpädagogik nach dem Zweiten Weltkrieg bis 1970	40
2.2	Bildungspolitische Entwicklungslinien bis 1994	47
2.3	Exkurs: Die Entwicklungen in der DDR	55
2.4	Die KMK-Empfehlungen von 1994	58
2.5	Entwicklungen bis zum Ende des 20. Jahrhunderts	65
2.6	Die Behindertenrechtskonvention der Vereinten Nationen (2006/2009)	71

2.7	Die KMK-Empfehlungen zur inklusiven Bildung 2011	75
2.8	Auswirkungen auf Schulgesetze und Lehrpläne – Das Beispiel Bayern	78
3	**Stand der Umsetzung inklusiver Beschulung in Deutschland**	**95**
3.1	Der Stand der Umsetzung inklusiver Beschulung	96
3.2	Ein Blick über den Tellerrand – Internationale Perspektiven der Inklusion	107
3.3	Bewertung des Umsetzungsstandes in Deutschland	117
4	**Fazit – Inklusion in einer exklusiven Gesellschaft?**	**125**
Literatur		**133**

Einführung: Inklusion als gesellschaftliche Leitthematik

Inklusion ist zu einem gesellschaftlichen Leitthema geworden, über das in Zeitungen und Fernsehshows diskutiert, gestritten, debattiert und verhandelt wird. Es ist auf fast allen Ebenen und gesellschaftlichen Teilsystemen wie Politik, Schule oder Sport vertreten.

Seit Jahren setzen sich nicht nur das Bildungs- und Schulsystem, sondern auch viele weitere Fach- und Wissenschaftsbereiche (z. B. Theologie, Philosophie, Soziologie oder Soziale Arbeit u. a. Bohn 2006; Conradi 2011; Nida-Rümelin 2013; Pemsel-Maier/Schambeck 2014) intensiv mit diesem Thema auseinander.

Der Inklusionsdiskurs verfügt u. a. aufgrund gesetzlicher Entwicklungen und Verankerungen über eine starke Legitimation und große Deutungsmacht, wenn es darum geht, themenspezifischen Aussagen und Standpunkten Gewicht zu verleihen: Inklusion ist en vogue und zugleich eine moralische Verpflichtung. Andererseits ist Inklusion – vor allem in Bezug auf die Form seiner Umsetzung – umstritten.

Im Jahr 2014 ging der Fall von Henri durch die Presse (u. a. Die Zeit, Spiegel, FAZ). Henri, ein Schüler mit Trisomie 21, besuchte zu dieser Zeit eine Regelgrundschule. Nach der vierten Klasse wollte er zusammen mit seinen Freunden auf das örtliche Gymnasium wechseln.

In Zeiten der Inklusion eigentlich kein Problem. Oder doch? Das Gymnasium verweigerte nach Protesten von Lehrkräften und Eltern die Aufnahme des Schülers und verwies darauf, dass Henri für eine inklusive Beschulung die Gemeinschaftsschule besuchen könne.

Inklusionsbefürworter kritisierten die Entscheidung scharf, für sie war dieser Einzelfall ein weiteres Beispiel offener Ausgrenzung von Menschen mit Behinderung. Andere Meinungen verwiesen darauf, dass weiterführende Schulen noch nicht auf inklusive Beschulung vorbereitet seien, weshalb Henri zwar mit seinen Freunden in einer Klasse sitzen, aber dem Unterricht nur schwerlich folgen könne. Deshalb sei ihm mit einer Beschulung auf dem Gymnasium nicht unbedingt geholfen.

Henri selbst wiederholte nach der Absage die vierte Klasse der Grundschule. Durch Änderungen im Schulgesetz Baden-Württembergs wird er ab dem Schuljahr 2015/16 doch noch inklusiv unterrichtet. Allerdings nicht an dem Gymnasium, das seine Schulfreunde besuchen, sondern an einer Regelrealschule.

Zielsetzungen dieses Bandes

Die Geschichte von Henri ist ein Beispiel, das auch am Ende dieses Buches hätte stehen können, zeigt es doch exemplarisch eines seiner Vorhaben: Verständnis dafür zu schaffen, dass Inklusion niemals getrennt von Schule und Gesellschaft gedacht werden kann. Inklusion stellt zum einen eine konkrete Zielsetzung dar, ist zum anderen aber auch schulische Aufgabe und gesellschaftliche Leitidee.

Der erste Band der Buchreihe *Inklusion praktisch* fungiert als Einführung in die Thematik und ist den praktischen schulischen Handlungsfeldern, die in den folgenden Bänden behandelt werden, vorgeschaltet.

Dabei ist es notwendig, sich mit der Frage auseinanderzusetzen, welche Rolle Inklusion auf gesellschaftlicher und schulischer Ebene einnimmt, wie sich Inklusion im geschichtlichen Rückblick in Deutschland entwickelt hat und wie es um die momentanen Umsetzungsbemühungen bestellt ist.

Ziel der Lektüre ist, ein Bewusstsein anzubahnen, dass Inklusion zum einen nichts Neues ist (schon gar nicht im Bildungssystem) und zum anderen nicht ohne Exklusion gedacht werden kann. Inklusion bewegt sich immer in einem *gesellschaftlichen und schulischen Spannungsfeld* zwischen inklusiven Ansprüchen (Stichwort: moralisches Inklusionsgebot) und exkludierenden Tendenzen (Stichwort: Vorurteile gegenüber Menschen mit Behinderungen). Dieser Umstand ist einer der Gründe, warum über Inklusion so leidenschaftlich diskutiert wird.

Inhalt und Aufbau

Das *erste Kapitel* beschäftigt sich mit Inklusion als gesellschaftlichem und schulischem Leitbegriff. Neben der Betrachtung seiner Mehrdimensionalität erfolgt der Versuch, Inklusion zu definieren und deren pädagogische und systemtheoretische Dimension darzustellen (▶ Kap. 1.1). Kapitel 1.2 geht auf den Begriffsstreit zwischen Integration und Inklusion ein, wirft einen Blick in den englischsprachigen Raum (Stichwort: *diversity*) und macht Vorschläge, wie der deutschsprachige Inklusionsbegriff differenzierter verwendet werden kann. Der Umgang mit Behinderung in der Gesellschaft und im Bildungswesen ist Teil von Kapitel 1.3, dargestellt wird die Stufenentwicklung von der Exklusion bis zum Ziel der Inklusion.

Im *zweiten Kapitel* erfolgt ein historischer Rückblick auf die bildungspolitischen Meilensteine der schulischen Inklusion seit dem Zweiten Weltkrieg. Dazu gehören die Neuausrichtung der Heil- und Sonderpädagogik bis 1970 (▶ Kap. 2.1) und die bildungspolitischen Entwicklungen bis 1994, die vor allem durch die Kontroverse zwischen dem deutschen Bildungsrat und der Kultusministerkonferenz (KMK) geprägt waren (▶ Abb. 2.2). Dem Exkurs über den Ausbau des Sonderschulwesens in der DDR in Kapitel 2.3 folgt eine vertiefte Betrachtung der KMK-Empfehlungen von 1994, die aufgrund ihrer weitreichenden Bedeutung in einem eigenen Unterkapitel 2.4 behandelt werden. Der rote Faden setzt sich über die Entwicklungen bis zum Ende des 20. Jahrhunderts (u. a. Salamanca-Erklärung 1994) in Kapitel 2.5, die Behindertenrechtskonvention der Vereinten Nationen (UN-BRK) in Kapitel 2.6 und die KMK-Empfehlungen zur inklusiven Bildung 2011 (▶ Kap. 2.7) fort und findet seinen Abschluss, indem die Auswirkungen der vorangegangenen Entwicklungen auf Schulgesetze und Lehrpläne am Beispiel des Bundeslandes Bayern aufgezeigt werden (▶ Kap. 2.8).

Einen Überblick über die Umsetzung inklusiver Beschulung gibt das *dritte Kapitel*. Zum einen wird der Umsetzungsstand in Deutschland für das Schuljahr 2014/15 bzw. 2015/16 dargestellt (▶ Kap. 3.1). Zum anderen wird ein Blick über den Tellerrand geworfen und anhand der Beispiele Italien und Schweden auf zwei internationale Schulsysteme fokussiert, die Inklusion bereits seit Jahrzehnten umsetzen, aber unterschiedliche Ansätze im Umgang mit sonderpädagogischem Förderbedarf aufweisen (▶ Kap. 3.2). Kapitel 3.3 versucht sich unter Einbezug der Bewertungen internationaler Gremien (u. a. das Komitee zur Überwachung der Rechte von Kindern der Vereinten Nationen) an einer Bewertung des Umsetzungsstandes in der BRD und fragt danach, was das deutsche Schulsystem aus einem internationalen Vergleich lernen kann.

Abschließend konzentriert sich das *vierte Kapitel* darauf, ob Inklusion in einer exklusiven Gesellschaft gedacht werden kann. Dabei geht es hauptsächlich um zwei Fragen: Ist die Umsetzung der Gesetzesaufgabe Inklusion überhaupt gesellschaftlicher Konsens? Oder bleibt das moralische Inklusionsgebot in einer eher exklusiv geprägten Gesellschaft wirkungslos und führt lediglich zu einer Art ›Leuchtturminklusion‹?

Ich wünsche Ihnen eine spannende und anregungsreiche Lektüre!

Würzburg, im Dezember 2015,

Dr. phil. Traugott Böttinger

Anmerkung

Konsequente Inklusion enthält auch die Gleichberechtigung von Männern und Frauen, vor allem auf sprachlicher Ebene. Diesem Umstand ist sich der Autor durchaus bewusst. Dennoch wurde im Text durchgehend die männliche Sprachform verwendet, da so eine bessere Lesbarkeit gewährleistet werden kann.

1

Inklusion als gesellschaftlicher und schulischer Leitbegriff

Der Begriff der Inklusion hat spätestens seit der Ratifizierung der Behindertenrechtskonvention (UN-BRK) 2009 im öffentlichen und wissenschaftlichen Diskurs in Deutschland den Status eines Schlagwortes erhalten. Zum Teil inflationär verwendet, steht Inklusion exemplarisch für die Bemühungen, Menschen mit Behinderungen und Personen, die von Behinderung bedroht sind, eine bessere Teilhabe am gesellschaftlichen Leben zu ermöglichen. Die Begrifflichkeit wird nicht immer wertfrei gebraucht, häufig ist eine implizite, aber klare moralische Botschaft enthalten. Wer sich negativ über die Realisierungsmöglichkeiten von Inklusion äußert, zieht schnell Kritik auf sich oder wird als Inklusionsgegner bzw. als rückschrittlich bezeichnet (siehe auch Ahrbeck 2014, 119 f.; Dollase 2014, 64).

1.1 Inklusion als Leitbegriff

Seit den Empfehlungen der Kultusministerkonferenz (KMK) 1994 hat sich bei den Leitbegriffen der Sonderpädagogik eine Entwicklung vollzogen. Die Pluralität, die durch die nebeneinanderstehenden Begriffe Förderbedarf, Diagnostik und Integration zum Ausdruck kam, wurde von einer Singularität abgelöst. Als aktueller, singulärer Leitbegriff kann die Inklusion betrachtet werden.

Dabei handelt es sich um einen *mehrdimensionalen Begriff*, der bei weitem nicht nur die Bildungspolitik (Stichwort: gemeinsamer Unterricht als Bildungs- und Erziehungsauftrag der Schule) umfasst.

Im Bereich der *Behindertenpolitik* ist Inklusion Mittel und Zweck, um die Rechte beeinträchtigter Menschen zu verwirklichen. Aus *sozialpolitischer Perspektive* dreht sich Inklusion um den Umgang mit sozialer Benachteiligung und Armut, Zielsetzungen sind Teilhabe an Arbeit und Wohlstand. Mit Blick auf die *Migrations- und Flüchtlingsthematik* besteht Inklusion in der Überwindung der Angst bzw. Ablehnung gegenüber Fremden und in der Aufgabe, Menschen mit Migrationshintergrund Zugang zum Arbeitsmarkt und Partizipationschancen zu eröffnen.

Seine *Herkunft* hat der Inklusionsbegriff zum einen in der Soziologie (u. a. Kronauer 2002). Dort wurde in den 1970er Jahren der Begriff der Exklusion für gesellschaftliche Schichten eingeführt, die von sozialer und gesellschaftlicher Ausgrenzung betroffen waren (Randgruppen). Um auch das Gegenteil beschreiben und terminologisch bestimmen zu können, nutzte man parallel den Begriff der Inklusion.

Zum anderen spielte der Warnock-Report aus dem Jahr 1978 eine Rolle, der dafür sorgte, dass das Schulsystem in Großbritannien grundlegend reformiert wurde. Entscheidend war der Begriff der ›special educational needs‹, der sich auf besondere Förderbedürfnisse von Schülern bezog. Darunter fielen allerdings nicht nur Behinderungen, sondern auch ein Bedarf an schulischer Förderung bei Lernschwierigkeiten, im Bereich der Sprache und der emotionalen und sozialen Entwicklung (Warnock Report 1978, ▶ Kap. 3). Damit verbunden war die Vorstellung einer ›school for every pupil‹, die die gemeinsame Beschulung aller Kinder und Jugendlichen unabhängig von einer Behinderung vorsah. Diese pädagogischen Vorstellungen, die bereits deutliche Parallelen zum heutigen Verständnis schulischer Inklusion aufwiesen, waren schließlich bei der Ausarbeitung der Salamanca-Erklärung 1994 leitend (▶ Kap. 2.5), in deren Folge sich der Begriff der Inklusion endgültig durchsetzen konnte.

Es ist nicht einfach, eine trennscharfe *Begriffsbestimmung* von Inklusion zu formulieren, da der Begriff in verschiedenen Kontexten und je nach Ausrichtung inhaltlich unterschiedlich verwendet wird. Er ist gleichzeitig Prozess, Ziel, Methode, pädagogische Implikation oder Konzept (z. B. Index für Inklusion von Booth/Ainscow 2003) und transportiert darüber hinaus bestimmte Einstellungen und Werte.

Grundlegend bedeutet Inklusion, »eingebunden zu sein, nicht zum Sonderfall erklärt und mit allen Stärken, Schwächen, Eigenheiten und Interessen akzeptiert zu werden« (Schöler 2013, 2).

Diese Akzeptanz ist Voraussetzung für jegliches Inklusionsverständnis und bezieht sich auf ausnahmslos alle Menschen innerhalb der Gesellschaft. Inklusion bemüht sich, alle Facetten von Heterogenität (z. B. Herkunft, Religion, Weltanschauung, Fähigkeiten) zu erfassen und sie als selbstverständlich zu erachten. Sie richtet sich gegen dichotome Vorstellungen (Gegensatzpaare wie behindert und nicht behindert), die Menschen in Gruppen einteilen und zu Vorurteilen, bestimmten Fähigkeitszuschreibungen und Abwertungen führen. Gleichzeitig wird versucht, Stigmatisierungen zu vermeiden. Zum Abbau von Diskriminierungen existiert eine Vielzahl an inklusiven Konzepten, z. B. das *Diversity*-Konzept mit einem Schwerpunkt auf der gesellschaftlichen Konstruktion von Geschlecht (Gender), das Konzept ›teaching for social justice‹, das sich gegen soziale Benachteiligung wendet oder die ›citizenship education‹, die vor allem Menschen- und Bürgerrechte zum Thema hat. Mit diesen und ähnlichen Programmen soll ein Bewusstseinswandel in Gang gesetzt werden, damit die Akzeptanz menschlicher Vielfalt Normalität wird und nicht länger Teil von Ausgrenzungsprozessen bleibt.

Pädagogische und systemtheoretische Dimensionen von Inklusion

Beim Versuch, den Inklusionsbegriff konkreter zu fassen, bietet sich die Unterscheidung einer pädagogischen und einer systemtheoretischen Dimension an (Schmidt/ Dworschak 2011).

Die *pädagogische Dimension* konzentriert sich bevorzugt auf die lückenlose Gleichstellung aller Menschen und stützt sich auf Erklärungen und Gesetzgebungen zu Menschenrechten und -würde (aufbauend auf der allgemeinen Erklärung der Menschenrechte von 1948). Inklusion ist ein *Menschenrecht*, das hauptsächlich in Institutionen innerhalb des Bildungs- und Erziehungswesens umgesetzt werden muss. Einschränkungen von Menschen mit Behinderung werden nicht biologistisch-individualistisch an die einzelnen Individuen gebunden, vielmehr spielen verstärkt soziale Ursachen eine Rolle. Behinderung ist nicht determiniert, sondern Folge von gesellschaftlichen und sozialen Barrieren, ergo veränderbar und in Teilen aufhebbar. Diese Barrieren zu entdecken und zu beseitigen, ist primär Aufgabe der Heil- und Sonderpädagogik.

Problematisch ist, dass Behinderung »vielfach immer noch als gesundheitsbezogener Zustand und als persönliches, nicht aber soziostrukturelles (Folge-)Problem wahrgenommen wird« (Wansing 2013, 17). Das biologistisch-individualistische Verständnis, das Behinderung als natürlich und unabänderlich ansieht, wird nur langsam durch die *soziale Dimension* von Behinderung im Sinne von ›behindert werden‹ ergänzt. Doch nur so können Diskriminierung und Benachteiligung als soziale Probleme erkannt und thematisiert werden. Ihre Lösung muss dementsprechend auf sozial-gesellschaftlicher Ebene erfolgen.

Systemtheoretisch gesehen »geht es bei Behinderungen immer um eine Belastung der Kommunikation innerhalb sozialer Systeme« (Schmidt/Dworschak 2011, 274). *Kommunikative Einschränkungen* führen zu beeinträchtigten Interaktionen innerhalb eines Systems und werden in Folge dessen als problematisch wahrgenommen. Wird die Belastung der Kommunikation zu groß, droht ein System zu kollabieren.

Ist beispielsweise eine Regelschule als soziales System mit der Aufnahme schwer lernbeeinträchtigter und verhaltensauffälliger Schüler überfordert und kann diese nicht entsprechend ihrer Bedürfnisse beschulen, liegen eine eingeschränkte Kommunikation und Interaktion vor. Zur Selbsterhaltung werden Maßnahmen ergriffen, die den Fortbestand des Systems sicherstellen sollen. Die Schule muss entscheiden, wie die Beschulung in Zukunft gestaltet werden kann, um den Unterricht in den Klassen (soziale Funktionssysteme) nicht zu gefährden.

Im Umgang mit Menschen mit Behinderung haben sich diese Maßnahmen häufig als exklusiv erwiesen, z. B. durch die Bildung von Teilsystemen oder der Exklusion aus einem Funktionssystem (▶ Tab. 1).

In den letzten Jahren hat sich vor allem im Bildungswesen ein gesellschaftliches, moralisch-ethisch begründetes *Inklusionsgebot* entwickelt. Unterricht an Förderschulen und sonderpädagogischen Förderzentren gerät unter Rechtfertigungsdruck, während gemeinsamer, inklusiver Unterricht propagiert wird. Hauptargument ist die Ausgrenzungstendenz des Förderschulwesens, das für Inklusionsbefürworter nicht mit der UN-BRK vereinbar ist. An das Inklusionsgebot schließen Forderungen nach echter, vollständiger Inklusion an, die mit Hilfe des systemtheoretischen Inklusionsbegriffs verdeutlicht werden können.

Tab. 1: Beispiel des Zugangs zu Behinderung aus systemtheoretischer Sicht

Maßnahme	Erklärung/Beispiel
Systembildung innerhalb des Systems	Segregation im Schulsystem (z. B. Förderschule) ♦ Differenzierung innerhalb des allgemeinen Schulsystems in das Teilsystem Förderschule verhindert eine vollständige Exklusion.
Exklusion aus einem Funktionssystem und Integration in ein neues Funktionssystem	Inklusionsklassen/Förderschulklassen ♦ Exklusion von Menschen mit Beeinträchtigungen aus dem Funktionssystem Regelschule/Inklusionsklasse und Integration in das Funktionssystem Förderschulklasse

Inklusion besteht nicht darin, ein Teilsystem innerhalb des Systems zu bilden. Inklusion ist erfolgreich, wenn Menschen mit Behinderung in sozialen Systemen ohne Einschränkung der Kommunikation aktiv teilhaben können. Treten dennoch kommunikative Schwierigkeiten auf, sind die Maßnahmen zum Selbsterhalt des Systems nicht exklusiver Natur, ein Verbleib im gleichen Funktionssystem wird angestrebt. Es erfolgt ergo keine Umschulung an ein sonderpädagogisches Förderzentrum. Die einzelnen Funktionssysteme (z. B. Klasse oder Lehrerkollegium) versuchen vielmehr, flexibel auf eine eingeschränkte Kommunikation zu reagieren, indem sie sich anpassen und einen Verbleib in der Regelschule zu ermöglichen versuchen.

Der systemtheoretische Inklusionsbegriff bietet die Chance, zu überprüfen, ob das, was als Inklusion umgesetzt wird, wirklich Inklusion enthält oder nur den Anschein von Inklusion erweckt.

> **Zusammenfassung Kapitel 1.1**
>
> - Inklusion als mehrdimensionaler Begriff, u. a. Mittel und Zweck zur Verwirklichung der Rechte von Menschen mit Behinderung
> - Herkunftslinien
>   - Soziologie (Beschreibung gesellschaftlicher Randgruppen)
>   - Warnock-Report 1978 (›school for every pupil‹)
>   - Salamanca-Erklärung 1994
> - grundlegende Bedeutung: alle Facetten von Heterogenität erfassen und ohne Ausgrenzung als Teil der Normalität begreifen
> - pädagogische Dimension: Gleichstellung aller Menschen
> - systemtheoretische Dimension: Umgang mit Belastungen der Kommunikation zum Selbsterhalt sozialer Systeme
> - In den letzten Jahren hat sich zusammen mit dem Inklusionsbegriff ein gesellschaftliches Inklusionsgebot entwickelt:
>   - Rechtfertigungsdruck für Förderschulen und sonderpädagogische Förderzentren
>   - starke Förderung und Umsetzung des gemeinsamen Unterrichts

1.2 Integration oder Inklusion? – Eckpunkte der Begriffsdiskussion

Die UN-BRK in deutscher Fassung trägt zur angesprochenen Begriffsverwirrung bei.

Im originalen Gesetzestext ist durchgehend von Inklusion die Rede, die deutsche Übersetzung verwendet dagegen den Begriff der Integration. In Artikel 24 ist deshalb von der Einführung eines integrativen Bildungssystems die Rede.

1 Inklusion als gesellschaftlicher und schulischer Leitbegriff

Zwar ist allein der Originaltext in den sechs Hauptsprachen der Vereinten Nationen (Englisch, Arabisch, Chinesisch, Französisch, Russisch, Spanisch) rechtlich bindend, weshalb aus juristischer Perspektive also auch in Deutschland die inklusive Formulierung gültig ist. Dennoch ist diese Abweichung nicht ganz unproblematisch, da Inklusion und Integration fachlich und terminologisch gesehen nicht synonym zu verwenden sind.

Der Unterschied zwischen Integration und Inklusion

Beide Begriffe unterscheiden sich hinsichtlich ihres Grundverständnisses (▶ Abb. 1).

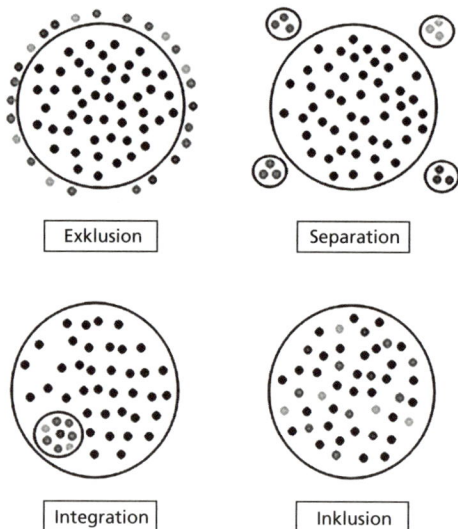

Abb. 1: Inklusion vs. Exklusion, Separation und Integration

Integration bedeutet, etwas zusammenzubringen, das ursprünglich separiert war. Integrative Beschulung besteht darin, Kindern mit Behinderung, die zuvor an Förderschulen unterrichtet wurden,

den Wechsel auf eine Regelschule zu ermöglichen. Dort erfolgt eine besondere Förderung in Abstimmung mit deren Bedürfnissen. Der Integrationsansatz enthält Kategorisierungen im Sinne von förderbedürftig bzw. nicht förderbedürftig. Die Kategorie der Behinderung bleibt erhalten, eine integrative Schulklasse teilt sich so in zwei Gruppen: Kinder mit und ohne einem diagnostizierten sonderpädagogischem Förderbedarf.

Inklusion dagegen versucht, Aussonderung und Kategorisierung von Beginn an zu vermeiden. »Jeder Mensch wird entsprechend seiner Bedürfnisse gefördert und unterstützt, ohne dabei eine Sonderstellung zugewiesen zu bekommen« (Schöler 2013, 4). Vielfalt wird als natürlich angesehen, Integration ist nicht mehr notwendig. Ziel ist es, die Art von Unterstützung bereitzustellen, mit deren Hilfe alle als vollwertige Mitglieder partizipieren können. Im Kontext von Schule bedeutet das, dass jeder Schüler durch individuell angepasste pädagogische oder sonderpädagogische Hilfestellungen in seinem Lernen unterstützt wird.

Wird Inklusion begrifflich mit Integration gleichgesetzt, wird übersehen, dass Integration der *Zwei-Gruppen-Theorie* folgt, während Inklusion einer ausnahmslosen *Ein-Gruppen-Theorie* verpflichtet ist. Die Homogenisierungstendenzen der Integration fallen weg, nicht das Individuum wird angepasst, das System bzw. die Umwelt müssen anpassungsfähig werden. Die wesentlichen Trennlinien zwischen den Begriffen Integration und Inklusion lassen sich verkürzt darstellen (▶ Tab. 2).

Tab. 2: Trennlinien zwischen Integration und Inklusion

Konzept der Integration	Konzept der Inklusion
• setzt Separation voraus • Wiederherstellung eines Miteinanders • Heterogenität als Schwierigkeit bzw. Herausforderung • Unterstützung für Kinder mit Beeinträchtigungen	• versucht von Beginn an, auf Separation zu verzichten • Vielfalt als Normalität und Teil des Miteinanders • Verzicht auf Kategorisierungen • gewollte Heterogenität

Tab. 2: Trennlinien zwischen Integration und Inklusion – Fortsetzung

Konzept der Integration	Konzept der Inklusion
◆ Veränderung der Schüler zur Einpassung in das System Schule	◆ Unterstützung für alle Kinder ◆ Veränderung des Systems Schule anstatt Anpassung der Schüler

Folgt man Hinz (2015, 69), beziehen sich die an Inklusion gestellten Erwartungen auf vier verschiedene Eckpfeiler:

- Inklusion nimmt Vielfalt unabhängig von Konflikten und Spannungsmomenten als produktives und positives Moment wahr.
- Inklusion enthält sämtliche Heterogenitätsdimensionen, die nicht getrennt, sondern ganzheitlich gedacht werden müssen, z. B. Herkunft, Religion, Sprache, Fähigkeiten, Kompetenzen, Sexualität, körperliche Voraussetzungen.
- Inklusion findet seine Orientierung in der Menschen- und Bürgerrechtsbewegung und ist wachsam gegenüber diskriminierenden Kategorisierungen.
- Inklusion ist Ausdruck des Strebens nach einer inklusiven Gesellschaft.

Ein Blick in den englischsprachigen Raum

Im englischsprachigen Raum haben sich die *Disability Studies* (Behinderungswissenschaften) in der Sonderpädagogik etabliert. Ihr Aufgabenfeld ist weit gefasst und nicht nur auf spezifische Behinderungen gerichtet. Teil der Forschungen sind mit Beeinträchtigungen in Verbindung stehende Gesellschaftsfaktoren wie soziale Teilhabe, Selbstbestimmung oder Gleichstellung.

Behinderung wird mit Hilfe eines sozialen Modells erklärt, in dem die Gesellschaft als Mitauslöser fungiert. In enger Verbindung mit der Inklusionsdebatte steht in Großbritannien der Begriff der ›*Diversity*‹. Anders als in der deutschen Diskussion wird Diversity nicht auf Personen mit Behinderung verengt. Mit einem größeren Fokus wird der Begriff »bezogen auf Personengruppen mit einigen Kerndimensionen, auf die Ausgrenzung folgt [...], diskutiert (Geschlecht, Alter, Ethnizität, Behinderung, sexuelle Orientierung und deren vielfältigen Überschneidungen)« (Kreuzer/Herrmann 2013, 13).

Behinderung ist nur eine der Dimensionen, die eine Exklusion zur Folge haben können. Bemühungen nach dem Diversity-Ansatz streben eine gesamtgesellschaftliche Inklusion an. Dementsprechend bezieht sich Inklusion nicht nur auf den Bereich der Schule. Ziel ist es, die menschliche Vielfalt wertzuschätzen und als eine wichtige gesellschaftliche Ressource zu verstehen (= diversity management).

In diesem Punkt überschneiden sich das deutsche Inklusionskonzept und die Idee der Diversity, beide setzen sich für eine Selbstverständlichkeit von Verschiedenheit zum Abbau von Diskriminierungen ein.

Inklusion hängt eng mit dem Umsetzen von Normen und Werten zusammen, die auf Anerkennung, Vertrauen, Gleichheit, Teilhabe und Gemeinschaft basieren. Im englischen Begriffsverständnis ist ein Einstellungswandel Voraussetzung für eine inklusive Gesellschaft, in der deutschen Diskussion eher eine Begleiterscheinung.

In britischen Schulen wird inklusiver Unterricht als ›*inclusive learning*‹ bezeichnet. Inklusives Lernen steht für die bestmögliche Passung zwischen dem vorhandenen Lernangebot und den individuellen Bedürfnissen des Lernenden mit Hilfe angemessener Änderungen (*reasonable adjustments*). Die Begrifflichkeit ›adjustment‹ impliziert bereits die Anpassung von Schule und Unterricht an die Schüler.

Der deutsche Begriff des gemeinsamen Unterrichts dagegen verweist zunächst nur darauf, dass behinderte und nicht behinderte Kinder in einer Klasse unterrichtet werden, ohne auf Lern- oder Lehrmethoden oder spezifische Hilfestellungen Bezug zu nehmen. So wird allein durch die Begriffswahl ein differentes Inklusionsverständnis transportiert.

Vorschläge für die begriffliche Diskussion im deutschen Bildungssystem

Der Inklusionsbegriff wird innerhalb des ideologiebeladenen Diskurses als Schlagwort mit eindeutig präskriptiver Ausrichtung gebraucht. Er wird inhaltlich verengt und fügt der Inklusion eine starke Normativität hinzu. Die im Folgenden vorgestellten Möglichkeiten der Begriffsverwendung verfolgen das Ziel, den Inklusionsdiskurs aus seiner Verhaftung auf terminologischer Ebene zu lösen, damit eine inhaltliche Konkretisierung möglich wird.

Ein Lösungsvorschlag, der auch für das Bildungs- und Erziehungssystem sinnvoll sein kann, definiert sich über den *Zusammenhang von Behinderung und Gesellschaft*. Gesellschaftliche Verschiedenheit enthält nicht nur den Aspekt der Behinderung, sondern vielfältige weitere Gesichtspunkte (z. B. Herkunft, Alter, Geschlecht). Wird ausschließlich auf eine Behinderung bzw. auf den Umgang mit selbiger (z. B. im Schulsystem) fokussiert, ist der Begriff der Integration sinnvoll.»Geht es um Behinderung im Zusammenhang gesellschaftlicher Marginalisierung insgesamt, ist allerdings der Inklusionsbegriff sinnvoller und angemessen« (Hinz 2012, 49 f.).

Aus diesem Blickwinkel wäre es angebracht, die große Mehrzahl an Schulen und Bildungseinrichtungen als *integrative Lernorte* zu bezeichnen. Zahlreiche Institutionen verfolgen ein Konzept, in dem Beeinträchtigung als eigene Kategorie genutzt wird. Deshalb sind sie aus terminologischer Sicht nicht als inklusiv zu bezeichnen.

Um die Begrifflichkeit aus ihrer Verengung zu lösen, ist ein *Perspektivenwechsel* hilfreich (Wansing 2013, 23). Die zu Recht stark kritisierten negativen Effekte im Schulsystem – unter anderem die geringe Zahl an Förderschülern mit Hauptschulabschluss und die Benachteiligung von Schülern aus Risikofamilien oder mit Migrationshintergrund – sind dann nicht als exkludierende Effekte zu werten. Vielmehr stellen sie sich als (negative) Inklusionseffekte innerhalb des ausdifferenzierten und selektiven Schulsystems dar.

Inklusion bezieht sich nicht nur auf erfolgreiche Teilhabe und Partizipation. Jede Inklusionsmedaille besitzt zwei Seiten. Deshalb enthält eine konsequent gedachte Inklusion auch die Auseinandersetzung mit negativen Folgen und Auswirkungen, die auftreten, wenn auf gleicher Basis die gleichen Kriterien für alle zugrunde gelegt werden.

Ein solcher Perspektivenwechsel wird selten vollzogen. Vollständig durchdacht, wird daraus die *Erweiterung des Inklusionsbegriffes* notwendig. Zu erwägen ist, eine relationale sowie eine kritisch-reflexive Ausrichtung zu ergänzen.

Die *Relationalität von Inklusion* bedeutet, dass gemeinsame Beschulung unter Umständen nicht für jeden möglich und sinnvoll ist. Zu verschieden sind die individuellen und situativen Bedingungen. »Es wäre ein Eingriff in die Freiheit und Selbstbestimmung des Einzelnen, wenn die Allgemeinheit sich das Recht anmaßte, Ausmaß und Art von Inklusion für den Einzelnen zu bestimmen« (Speck 2011, 65). Bildungspolitisch bedeutet das, ein Wahlrecht zwischen Förderzentren und Regelschulen als Bildungsort zu ermöglichen.

Ein *reflexiver Inklusionsbegriff* versucht, dessen kritisches Potenzial freizulegen. Dazu ist die Auseinandersetzung mit Zielsetzungen und Mechanismen der Inklusion notwendig. Konkret ist zu fragen, ob eine gemeinsame Beschulung wirklich dazu führt, dass im gesellschaftlichen Alltag eine verbesserte Teilhabe für Menschen mit Behinderung und gleichzeitig eine Entstigmatisierung eintritt.

Diese Frage zu beantworten, erfordert die Festlegung bestimmter Kriterien von Inklusion. Diese liegen »zwischen erwünschter Vielfalt von Lebensweisen und inakzeptablen Gefährdungen von Teilhabe« (Barthelheimer 2007, 8). Anders ausgedrückt: Notwendig ist eine Grenzziehung, unter welchen Umständen die Beschulung an Förder- oder Regelschulen eine selbstbestimmte Entscheidung des Individuums oder eine ethisch, moralisch oder pädagogisch begründete Maßnahme ist. Dabei geht es vor allem darum, die Betroffenen zu beteiligen und nicht um ein schulorganisatorisch begründetes Dogma zur Durchsetzung gemeinsamen Unterrichts.

Im Zusammenhang mit der Forderung nach einem selbstverständlichen Umgang mit Behinderung müssen beispielsweise folgende kritisch-reflexive Ergänzungen mitgedacht werden:

- Aushalten der zwei Seiten der Inklusionsmedaille
- Definitionen anderen bzw. abweichenden Verhaltens hinterfragen
- eigenes Verhalten reflektieren
- mögliche Leitfragen: Inwieweit ist ein bestimmtes Verhalten Ausdruck der Vielfalt von Lebensweisen? Inwieweit engt ein bestimmter Umgang mit Behinderung diese Lebensweisen ein?

Hilfreich ist ein derartiger Inklusionsbegriff vor allem für die Vermittlung zwischen den unterschiedlichen Argumentationsstandpunkten. So können sich Idealisten (Inklusion ohne Ausnahme), Realisten (Inklusion ja, aber) und Inklusionskritiker annähern, indem die Einzelfallperspektive gestärkt und so die Frage nach dem Beschulungsort in den Hintergrund rückt.

Eine *pragmatische Sichtweise* spricht von Inklusion als *gut gemachter Integration* (Brodkorb 2012, 32). Dabei wird berücksichtigt, dass die Ziele einer radikalen Inklusion (z. B. Vielfalt als Chance in einer solidarischen Gesellschaft) sehr idealistisch gefärbt und zum Teil utopisch formuliert sind. Wird Inklusion als gut gemachte Integration verstanden, entfällt der Anspruch, die gesamte Gesellschaft im Sinne der Ein-Gruppen-Theorie zu transformieren. Es wird anerkannt, dass eine vollständige Aufhebung von dichotomen Begriffspaaren (z. B. behindert – nicht behindert) nicht nur unrealistisch erscheint, sondern auch schnell zu Überforderung und zu mangelnder Förderung für Betroffene führen kann.

Ein pragmatisches Inklusionskonzept erkennt, dass Inklusion nur als Prozess bestehend aus einzelnen Entwicklungsschritten umgesetzt werden kann. Am Beispiel des Schulsystems formuliert, könnte es aus einem Viererschritt bestehen (▶ Tab. 3).

Tab. 3: Möglicher Viererschritt eines pragmatischen Inklusionskonzeptes

	Idee eines pragmatischen Inklusionskonzeptes
Schritt 1	Inklusion als flächendeckende Integration: gemeinsame Beschulung ohne inklusiven Anspruch → Finden einer optimalen Form der Integration
Schritt 2	Inklusion als gut gemachte Integration (auch z. B. in rechtlichen oder finanziellen Fragen)
Schritt 3	Suche nach einer optimalen Form der Inklusion
Schritt 4	optimierte Form der Inklusion

Am Anfang steht die gemeinsame Beschulung von Kindern und Jugendlichen mit und ohne Beeinträchtigungen, allerdings ohne einen inklusiven Anspruch. Ziel ist es, durch unterschiedliche Versuche in der Praxis die optimale Form flächendeckender Integration herauszuarbeiten. Die zweite Stufe besteht dann aus dieser optimierten Integrationsform, in der gemeinsamer Unterricht Schritt für Schritt Normalität wird. Darauf folgt die Suche nach optimaler Inklusion und nach Möglichkeiten, Schule vermehrt im Sinne der Ein-Gruppen-Theorie zu gestalten. Zuletzt steht schließlich – soweit wie möglich – die so entwickelte optimierte Form von Inklusion.

Eine solche Perspektive kann eine entlastende Wirkung für alle Personen haben, die an der Umsetzung der Inklusion beteiligt sind, da der Totalitätsanspruch inklusiver Bemühungen entfällt.

Für die *bildungspolitische Diskussion* kann schließlich die Unterscheidung zwischen formaler und tatsächlicher Inklusion zielführend sein.

Formale Inklusion bezieht sich auf inklusive Organisationsformen. Dazu gehört z. B. die Frage, an welches System die jeweilige Umsetzungsform angegliedert ist. Je nachdem, ob es sich um eine Regelschule oder eine Förderschule bzw. ein sonderpädagogisches Förderzentrum handelt, wird so z. B. eine Partnerklasse rein formal als inklusives oder separiertes Setting bezeichnet. *Tatsächliche Inklusion* betrachtet gemeinsamen Unterricht unabhängig von schulorganisatorischen Strukturen. Erfasst wird ausschließlich das Ausmaß an gemeinsamer Beschulung von Kindern mit und ohne sonderpädagogischem Förderbedarf.

Die Begriffe fungieren als gegenseitiges Korrektiv, indem überprüft werden kann, ob formale und tatsächliche Inklusionszahlen einander entsprechen. Allerdings lassen beide Bezeichnungen keine qualitative Bewertung von Inklusion zu, da sie sich ausschließlich mit deren Organisation auseinandersetzen.

> **Zusammenfassung Kapitel 1.2**
>
> - Begriffsklärung Integration: etwas zusammenbringen, das separiert war, Kategorisierungen bleiben erhalten → Bezug zur Zwei-Gruppen-Theorie
> - Begriffsklärung Inklusion: Versuch, von Beginn an auf Aussonderung und Zuschreibungen zu verzichten → Bezug zur Ein-Gruppen-Theorie
> - Im Vergleich zu Integration/Inklusion ist der englische Begriff der ›diversity‹ deutlich weiter gefasst und impliziert ein differentes Inklusionsverständnis.
> - Vorschläge für die deutsche Begriffsdiskussion: Erweiterung um eine relationale und eine kritisch-reflexive Ausrichtung und Überlegungen zu einem pragmatischen bzw. bildungspolitischen Inklusionsbegriff

1.3 Der Umgang mit Behinderung – Von der Exklusion zur Inklusion

Der Umgang mit Behinderung in Deutschland lässt sich nach Frühauf (2012) in fünf Stufen einteilen.

Die *Exklusion* bildet die erste Stufe. Menschen mit Behinderung waren vom Zugang zu Bildung oder Erziehung ausgeschlossen. Begründungen erfolgten aus einem defizitorientierten medizinischen Blickwinkel. Diese Sichtweise änderte sich Ende des 18. Jahrhunderts bzw. Anfang des 19. Jahrhunderts mit dem verstärkten Aufkommen der Pädagogik als Wissenschaft. Neues Ziel war nicht mehr die Verwahrung behinderter Menschen, sondern die Vermittlung von Bildung. Ausgehend von der ›Krüppelpädagogik‹ entwickelten sich Bildungsinstitutionen für Schüler mit verschiedenen Behinderungen (Blinde, Taube oder Verwahrloste). Diese Bewegungen nahmen die Phase der Segregation vorweg.

Im Dritten Reich kam es ideologiebedingt zu einem Bruch und Rückschritt zur Exklusion. Behinderte Menschen wurden mit dem Verweis auf unwertes Leben zwangssterilisiert oder ermordet (▶ Kap. 2.1).

Nach Ende der nationalsozialistischen Herrschaft erfolgte im Rückgriff auf die Weimarer Republik die erneute Weiterentwicklung zur Stufe der *Segregation*. Die soziale Integration behinderter Menschen galt nun als erstrebenswertes Ziel. Im Mittelpunkt standen die Förderung gesellschaftlicher Akzeptanz und der Abbau von Vorurteilen. Menschen mit Behinderung waren zwar zum Teil in die Gesellschaft integriert, ihre Lebensläufe gestalteten sich ob fehlender Teilhabemöglichkeiten allerdings häufig separiert von nicht behinderten Menschen. Auf Sonderkindergarten und Sonderschule folgte die Werkstatt für behinderte Menschen verbunden mit dem Wohnen in speziellen Wohnheimen.

Die Phase der *Integration* stützte sich seit den 1970er Jahren hauptsächlich auf zwei Prinzipien. Das Normalisierungsprinzip forderte eine möglichst normale Lebensführung für Menschen mit Behinderung. In diese Forderung waren eine eigene Wohnung und Wahlmöglichkeiten zwischen verschiedenen Lern- und Lebensorten eingeschlossen. Das Selbstbestimmungsprinzip charakterisierte sich über den Leitsatz ›Nichts über uns ohne uns‹. Behinderte Menschen sollten bei wichtigen Entscheidungen, die ihr eigenes Leben betrafen, einbezogen werden und wollten über ihr Leben selbst entscheiden können. Zum ersten Mal fand sich der Bezug zur Teilhabe Behinderter an der Gesellschaft.

Darüber hinausgehend strebt die Phase der *Inklusion* an, »ein Leben mit Behinderung von Geburt an in den sozialen Regelstrukturen des Gemeinwesens zu verankern und zu sichern« (Frühauf 2012, 21). Betont werden gesellschaftliche Teilhabe, die Überwindung sozialer Barrieren und der Versuch, Etikettierungen zu vermeiden.

Fünfte und letzte Phase ist die *Pädagogik der Vielfalt*, die Inklusion als Normalfall ansieht. Durch entsprechende Unterstützungsangebote wird keinerlei Unterscheidung nach bestimmten Personengruppen oder Kategorien (z. B. sonderpädagogischer Förderbedarf oder Behinderung) mehr vorgenommen.

Diese fünf Stufen sind auf das Bildungssystem übertragbar (► Tab. 4).

Während der *Exklusion* waren behinderte Kinder vom Schulbesuch ausgeschlossen, sie galten als bildungsunfähig.

Auf der Stufe der *Separation* wurden Kinder nach bestimmten Kriterien an unterschiedliche Bildungsorte verteilt, d. h. behinderte Schüler besuchten eigene Sonderschulen. Durch die Separation verfestigte sich das gegliederte Schulsystem in Deutschland, das als Versuch gesehen werden kann, homogene Lerngruppen (z. B. altershomogen) in homogenen Lernumgebungen (leistungsorientiert, z. B. Mittelschule und Gymnasium) zu schaffen.

Integration im schulischen Kontext heißt, »behinderte Kinder besuchen die Regelschule und erhalten dort sonderpädagogische Hilfen« (Vernooij 2007, 92), *Inklusion* bedeutet, »*alle* [Hervorhebungen im Original] behinderten Kinder besuchen die Regelschule, in der *besonderen* pädagogischen und sonderpädagogischen Bedürfnissen Rechnung getragen wird« (ebd.).

Integrationsversuche laufen Gefahr, nur ein bloßes Nebeneinander anstatt eines Miteinanders von behinderten und nicht behinderten Schülern hervorzurufen. Allerdings sind sie es, die eine echte Wahlmöglichkeit für beeinträchtigte Menschen eröffnen. Bei inklusiver Beschulung unterbleiben die Einteilung bestimmter Schülergruppen und ihre Unterrichtung am sonderpädagogischen Förderzentrum, alle Kinder werden an der gemeinsamen Regelschule zusammengeführt und erhalten dort je nach Bedarf pädagogische Unterstützung.

Tab. 4: Entwicklung des Umgangs mit Behinderung auf gesellschaftlicher und schulischer Ebene

	Von der Exklusion zur Inklusion	
	Gesellschaft	Bildungssystem
Stufe 1: Exklusion	Menschen mit Behinderung haben keinen Zugang zu Bildung und Erziehung.	Behinderte Schüler gelten als bildungsunfähig.
Stufe 2: Separation	Ziel ist die soziale Integration behinderter Menschen.	Beschulung behinderter Kinder in speziellen Einrichtungen
Stufe 3: Integration	Normalisierungs- und Selbstbestimmungsprinzip als Leitideen	Behinderte Schüler besuchen Regelschulen und erhalten dort Unterstützung.
Stufe 4: Inklusion	gesellschaftliche Teilhabe, Überwindung von sozialen Barrieren, Wegfall von Etikettierungen und Ausgrenzung, Heterogenität als Normalität	Alle Schüler besuchen Regelschulen und erhalten individuell angepasste pädagogische und sonderpädagogische Hilfen.
Stufe 5: Pädagogik der Vielfalt	Vielfalt der menschlichen Bedürfnisse als Normalfall	heterogene Schülergruppen und ein darauf ausgerichteter Unterricht als Selbstverständlichkeit

Die letzte Stufe im schulischen Kontext bildet die *Vielfalt in Gemeinsamkeit*, analog zur Pädagogik der Vielfalt sind heterogene Gruppen selbstverständlich. Zur Umsetzung des gemeinsamen Unterrichts passt sich das Schulsystem bestmöglich an die Schüler an.

Die fünfte Stufe stellt sowohl im gesellschaftlichen als auch im schulischen Kontext eher ein idealistisch formuliertes Fernziel als eine in naher Zukunft zu erreichende Herausforderung dar.

Zudem finden sich im Alltag die Stufen der Separation, Integration und Inklusion je nach Entwicklungsstand der betrachteten Institutionen zeitgleich nebeneinander. Manche Einrichtungen werden die vierte Stufe demnach schneller erreichen als andere, eine einheitliche Entwicklung ist nicht gegeben.

Auch die phasenartige Darstellung bzw. Entwicklung von der Exklusion zur Inklusion ist *diskussionswürdig*.

Die Stufe der Exklusion verweist auf eine Zeit, bevor Menschen mit Behinderung als bildungsfähig und bildungsberechtigt angesehen wurden. Stufe zwei war stark von dem Versuch geprägt, sich deutlich vom Dritten Reich abzugrenzen. Die Bemühungen zielten darauf ab, Menschen mit Behinderung gute Bildungschancen zu ermöglichen. Aus damaliger Sicht (z. B. bei Schade 1962) war das in einem eigenen Sonderschulsystem der Fall, diese Sichtweise ist mittlerweile umstritten.

Spätestens seit den KMK-Empfehlungen 1994 befindet sich das deutsche Bildungs- und Erziehungssystem auf dem Weg zur dritten Stufe. Vermehrt sind Bemühungen vorhanden, die vierte Stufe zu erreichen. Dazu gehören in erster Linie die bildungspolitischen Entwicklungen, die u. a. in Zusammenhang mit der UN-BRK (▶ Kap. 2.6) und Bemühungen um Weiterentwicklungen des Schulsystems zur Verwirklichung der Inklusion stehen. Kritiker (u. a. Dohmen/Esser 2014) bemängeln, die momentane Umsetzung sei keine vollwertige Inklusion, da ihr der Status des Nebeneinanders von behinderten und nicht behinderten Menschen anhaftet. Sie bezweifeln, ob es innerhalb der Leistungsgesellschaft möglich ist, auf Etikettierungen, Kategorisierungen und Bewertungen zu verzichten (▶ Kap. 4).

Ebenfalls fraglich ist, inwieweit Politik und Gesetzgebung im Umgang mit Inklusion an ihre Grenzen stoßen. Inklusive Beschulung und Erziehung können zwar per Beschluss angeordnet und eingeführt werden, wodurch u. a. bestimmte Schulentwicklungsprozesse positiv beeinflusst werden. Der zur erfolgreichen Umsetzung obligatorische Bewusstseinswandel ist allerdings nicht per Gesetz zu erreichen. Benötigt werden vor allem Zeit und eine grundlegende Änderung tief verwurzelter Einstellungen. Der Abbau von Unsicherheit und das Ermöglichen positiver Kontakte zwischen Menschen mit und ohne Behinderung, eine Verringerung von Vorurteilen und das Erleben von bereits bestehenden positiven Inklusionsbeispielen sind erste Schritte in die richtige Richtung.

Allerdings steht das über Jahre gewachsene gegliederte Schul- und Erziehungssystem einer solchen Entwicklung eher im Wege. Gründe sind u. a. die frühe Selektion nach der vierten bzw. sechsten Jahrgangsstufe (in Berlin und Brandenburg), die fehlende Durchlässigkeit und die innere und äußere Selektivität von Schule.

Eine Pädagogik der Vielfalt dient zum jetzigen Zeitpunkt als Fernziel und Orientierungspunkt für praktische Konzeptionen. Umsetzungsideen zur Inklusion lassen sich mit ihrer Hilfe auf ihre Ausrichtung und ihren Verwirklichungs- und Wirkungsgrad hin überprüfen.

> **Zusammenfassung Kapitel 1.3**
>
> - Der gesellschaftliche Umgang mit Behinderung kann mit Hilfe von fünf Stufen beschrieben werden: Exklusion, Segregation, Integration, Inklusion und Pädagogik der Vielfalt.
> - Diese fünf Stufen können auch auf das Schul- und Bildungssystem übertragen werden.

1 Inklusion als gesellschaftlicher und schulischer Leitbegriff

- Spätestens seit den KMK-Empfehlungen 1994 befindet sich das deutsche Bildungssystem auf dem Weg zur dritten Stufe mit vermehrten Bemühungen, die vierte Stufe (Inklusion) zu erreichen.
- Aber: Die beschriebenen Stufen sind eine idealtypische Anordnung, die in einigen Punkten kritikwürdig bleiben, z. B. ist die Pädagogik der Vielfalt eher ein Fernziel mit Orientierungsfunktion als eine konkrete Entwicklungsstufe.

2

Bildungspolitische Meilensteine der schulischen Inklusion

Bei Integration und Inklusion handelt es sich keineswegs um neue Phänomene der letzten Jahre. Schon lange, bevor die Bundesregierung die UN-BRK im Jahr 2009 ratifizierte, war diese Thematik Teil des Diskurses der Bildungslandschaft.

Ein Blick in die Geschichte der Heil- und Sonderpädagogik offenbart verschiedene Entwicklungslinien und Meilensteine, die wegweisend für heutige Umsetzungsformen gemeinsamer Beschulung von Kindern und Jugendlichen mit und ohne sonderpädagogischem Förderbedarf waren.

2.1 Neuausrichtung der Heilpädagogik nach dem Zweiten Weltkrieg bis 1970

Als am 8. Mai 1945 die von Deutschland unterzeichnete Kapitulationserklärung in Kraft trat, endete der Zweite Weltkrieg. Der Schulbetrieb in der direkten Nachkriegszeit war stark eingeschränkt, da zerstörte Schulgebäude, fehlende Möbel sowie ein Mangel an Material und ausgebildeten Lehrkräften den Unterricht erheblich erschwerten. Besonders kompliziert gestaltete sich die Lage der Hilfsschulen. »Der Nationalsozialismus widerrief die in 150 Jahren aufgebaute Heilpädagogik« (Möckel 2007, 187) und stufte behinderte Menschen als bildungsunfähig ein. Zudem wurde der Verband der Hilfsschulen im September 1933 aufgelöst.

Verdrängung der NS-Zeit und Orientierung an der Weimarer Republik

Im Rahmen der Re-Education-Policy unternahmen die Alliierten nach der NS-Diktatur den Versuch, demokratische Werte in Deutschland zu etablieren und die Bevölkerung zu einer kritischen Auseinandersetzung mit dem Nationalsozialismus zu bewegen (Widmaier 2012, 10). In der Heil- und Sonderpädagogik fand ein solcher Aufarbeitungsprozess jedoch nur unzureichend statt. Beobachtbar waren verschiedene *Verdrängungsmechanismen*, die große Teile der Heilpädagogik erfassten. Die eigene Rolle wurde dabei nicht reflektiert, in offiziellen Veröffentlichungen findet sich kein Wort des Bedauerns über das Schicksal der Opfer der Euthanasie, obwohl sich die Heilpädagogik dem Schutz behinderter Menschen verschrieben hatte.

Ein eindrückliches Beispiel ist der Fall von *Edwin Singer*, ab 1934 Direktor der Taubstummenanstalt in Heidelberg und dort mitverantwortlich für die Durchführung von Zwangssterilisationen. Auch nach dem Krieg blieb Singer im Amt, ohne jemals zu den Menschenrechtsverletzungen Stellung zu beziehen.

Direkt nach Kriegsende formulierte er die Neuausrichtung seiner Institution im Namen der Menschlichkeit, was im Licht der Zwangssterilisationen zynisch anmutet: »Die Trümmer sind gesichtet. Schart die tauben Kinder um euch, entzündet ihre Seelchen, lehrt sie reden und erwärmt ihre Herzen, damit auch sie Menschen werden« (Singer 1946, zit. nach Biesold 1988, 120). Bis zu seinem Tod entwickelte der Anstaltsdirektor weder Unrechtsbewusstsein noch Schuldgefühl.

Als sich ein Opfer der Sterilisationen 1960 in einem Brief mit schweren Vorwürfen und Schuldzuweisungen an Singer wendet, zeigt dessen Antwort, dass ein Prozess der Aufarbeitung oder eine Auseinandersetzung mit der Schuldfrage nicht stattgefunden haben. Die Taten werden gerechtfertigt und das Opfer ermahnt, mit seinem Leben zufrieden zu sein.

> »Herrn …, … Lieber …!
> Zu den erwachsenen Gehörlosen sage ich nicht Du, sondern Sie. Aber in diesem Brief, will ich Du sagen wie früher, dann verstehst du mich besser. Also. Du hast mir geschrieben, daß Du vor 26 Jahren sterilisiert worden bist. Das habe ich nicht gewusst. Aber ich bin garnicht erstaunt. Denn alle Erbkranken sollten damals unfruchtbar gemacht werden. Du fragst: Wer ist schuldig? Wer ist dafür verantwortlich, daß du sterilisiert worden bist? So können viele 100 000 fragen, die alle unfruchtbar gemacht wurden. Ich antworte: der damalige Staat. Es war das nationalsozialistische deutsche Reich. An der Spitze der Regierungspartei standen Hitler, Himmler, Göbels, Frick und andere. Sie sind alle tot. Willst Du sie in der Hölle verklagen? Dann antworten sie: der Reichstag (die Abgeordneten des Volkes) hat das Gesetz zur Verhütung erbkranken Nachwuchses beschlossen. Die Ärzte mussten gehorchen und das Gesetz ausführen. Lieber …, solche Klagen sind zwecklos. Es geht Dir nicht

> schlecht. Du bist aber unzufrieden. Vergleiche Dich doch mit anderen. Viele Millionen sind gefallen oder umgebracht worden. Du lebst! Du kannst arbeiten und genügend verdienen. Daß du keine Kinder hast, das sollst Du nicht als Unglück ansehen. Lieber keine Kinder als ein blindes, ein taubes oder ein epileptisches. Du warst schon als Bub oft unzufrieden. Aber wenn ich mit Dir gesprochen hatte und Du überlegtest, dann warst Du wieder froh. So soll es jetzt auch sein. Also ... Kopf hoch! Und Glück auf! Mit herzlichem Gruß« (erstellt nach Biesold 1988, 121 f.)

Neben der Verdrängung der NS-Zeit war in der Nachkriegszeit unter den Heilpädagogen der Wunsch verbreitet, zu den pädagogischen Konzepten der *Weimarer Republik* zurückzukehren. Deutlich machte dies der erste Verbandstag des 1949 neu gegründeten Hilfsschulverbandes. Schon das Einführungsreferat brachte den Stolz auf die bisherigen Leistungen der Heilpädagogik zum Ausdruck und gab die Richtung für die kommenden Jahre vor: »Wir müssen wieder dort anknüpfen, wo wir 1932 aufgehört haben« (Spieler 1949, zit. nach Ellger-Rüttgardt 1998, 50). Begleitend zum Verbandstag erschien eine Ausgabe der heilpädagogischen Blätter, dem Publikationsorgan des Hilfsschulverbandes. Dort wurde das Selbstverständnis der Heilpädagogik nach 1945 deutlich formuliert:

> »Die deutsche Hilfsschulpädagogik hat eine *gute Tradition* [Hervorhebungen im Original] gehabt bis 1932. Sie hatte als tragendes Fundament eine echt heilpädagogische *Gesinnung* und edelmenschliche *Verpflichtung* aus dem Wertebereich des Religiösen, Karitativen, Humanen und Sozialen erkannt. Die Heilpädagogischen Blätter wollen das Gute und Bleibende in dieser Tradition pflegen« (Dohrmann/Lesemann 1949, zit. nach ebd.).

Mangel an Internationalität und die Rolle des Verbandes deutscher Hilfsschulen

Aus dieser ›guten Tradition‹ heraus gestaltete sich die Neuausrichtung der Heilpädagogik vor dem Hintergrund *personeller Kontinuität*. Nach wie vor war das Selbstverständnis der Führungsposition der 1920er Jahre vorherrschend. Als Folge wurden internationale Entwicklungen nur wenig oder gar nicht zur Kenntnis genommen.

Dieser Mangel an Internationalität sorgte für einen *starken Selbstbezug* der deutschen Heil- und Sonderpädagogik, die darauf bedacht war, das Besondere der eigenen Disziplin herauszustellen.

Vereinzelte Berichte über heilpädagogische Arbeit in anderen Ländern legten allerdings nahe, dass das deutsche System durchaus einer Überarbeitung bedurfte. So berichtete Karl Ederer, Schulrat aus München, 1950 begeistert über das amerikanische Bildungs- und Erziehungssystem:

> »Das ganze amerikanische Erziehungsdenken und Erziehungsprogramm dünkt mich Ausfluß eines breiten Humanismus mit seinem lebhaften Interesse am Nächsten und mit seinem Gefühl der Verpflichtung gegenüber den weniger Begünstigten. [...] Uns begegnet hier der einnehmende Gedanke im Bereich der Erziehung und der Demokratie: dem Menschen dazu zu helfen, daß er sich selbst helfen kann, dem Hilfsbedürftigen hilfreich zu Seite zu stehen, aber nichts unversucht zu lassen, seine Selbsttüchtigung zu fördern, um ihn so von der Hilfe der anderen unabhängiger werden zu lassen« (Ederer 1950, 10 ff.)

Scheinbar waren in den USA bereits kurz nach dem Krieg erzieherische und heilpädagogische Vorstellungen verbreitet, die in Deutschland erst rund zwanzig Jahre später Fuß fassen sollten. Dazu gehörte zum Beispiel die Orientierung an personellen Stärken und Ressourcen mit dem Ziel einer möglichst selbstständigen Lebensführung bei subsidiärer Rolle der Heil- und Sonderpädagogik.

In Deutschland war die Entwicklung des sonderpädagogischen Schulsystems eng mit dem *Verband deutscher Hilfsschulen* verbunden (1955 in den Verband Deutscher Sonderschulen umbenannt). Aus seiner 1954 veröffentlichten Programmatik entstand die *Denkschrift zu dem Ausbau des heilpädagogischen Sonderschulwesens*. In dieser wurde die dauerhafte Beschulung behinderter Kinder und Jugendlicher in eigenständigen Sonderschulen gefordert. Als Begründung diente der Verweis auf das seelische Wohl der Schüler: »Die gemeinsame Unterrichtung und Erziehung mit den normal begabten Mitschülern bringt die hilfsschulbedürftigen Kinder in eine schwere seelische Not« (Verband deutscher Hilfsschulen 1954, 7).

Zentrale These der Denkschrift war der Aufbau eines flächendeckenden Sonderschulwesens in Deutschland. Andere Formen sonderpädagogischer Unterstützung (z. B. Nebenklassen) wurden nicht in Erwägung gezogen. In jeder Gemeinde mit 30.000 Einwohnern sollten eine Sprachheil-, eine Schwerhörigen- und eine Schule für Gemeinschaftsschwierige (Schwererziehbare) entstehen. Gemeinden mit über 50.000 Einwohnern sollten zusätzlich eine Sehbehindertenschule erhalten.

Das KMK-Gutachten von 1960 und die Etablierung des Sonderschulwesens

Im Jahr 1960 veröffentlichte die Kultusministerkonferenz ihr *Gutachten zur Ordnung des Sonderschulwesens*, das den Willen zum Aufbau eines eigenen Sonderschulwesens auf politischer Ebene zum Ausdruck brachte. Es wurden zwölf eigenständige Sonderschulformen definiert, allerdings noch ohne die Schule für geistig Behinderte, die 1963 folgte. Einen Wandel vollzog die KMK bei der Begründung der Notwendigkeit des Sonderschulwesens. An erster Stelle stand nicht mehr die Entlastung der Regelschulen, sondern das *Recht auf angemessene Bildung* für Schüler mit Behinderungen.

Damit zusammenhängend wurde das erste offizielle Schuldeingeständnis gegenüber den Opfern der Euthanasie formuliert. Das deutsche Volk habe »eine geschichtliche Schuld abzutragen« (KMK 1960, 16), Menschen mit Behinderung dürften »nicht als weniger wertvoll betrachtet und behandelt werden« (ebd.).

Aus pädagogischem Blickwinkel entfiel der Begriff der Bildungsunfähigkeit behinderter Menschen, es wurde eine staatliche Verpflichtung zur Sorge für alle Kinder formuliert.

Erstmals klangen Überlegungen zur Integration an: »Sofern es für die Erziehung zur Gemeinschaft als dienlich erscheint, ist daher die Gemeinsamkeit zwischen Schülern der Sonderschulen und der allgemeinen Schule zu pflegen« (ebd., 10). Diese in einem Nebensatz formulierte Idee des sozialen Kontaktes zwischen Schülern mit und ohne Behinderung war ihrer Zeit als Vorläufer der Kontakthypothese jedoch weit voraus und wurde wenig beachtet.

Im Verlauf der 1960er Jahre war das *Sonderschulwesen* in der Praxis und auf begrifflicher Ebene bereits als eigene Schulart in Abgrenzung zum Regelschulsystem etabliert.

Deutlich wird dies in einem Artikel von Klauer (1964), der sich mit der Terminologie der Sonderschule auseinandersetzte. Es wird konstatiert, dass in Gesetzen, Gutachten und Rahmenplänen konsequent von allgemeinen Schulen gesprochen wurde, wenn die Gegensätzlichkeit zur Sonderschule hervorgehoben werden sollte (Klauer 1964, 7). Dementsprechend waren Sonderschulen »Sonderformen einer Schulgattung für normalschulunfähige Kinder« (ebd., 9). Die Schülerschaft wurde auf diesem Weg über eine Negativdefinition bestimmt. Betroffen waren diejenigen Kinder und Jugendlichen, die unfähig waren, eine allgemeine Schule zu besuchen und die deshalb eine separate Beschulung in speziellen Schulen der Sonderpädagogik benötigten.

Die 68er-Bewegung und das Gutachten des deutschen Bildungsrates von 1969

Der aufkommende gesellschaftliche Protest gegen Ende der 1960er Jahre (*68er-Bewegung*) kann inhaltlich entlang dreier Bereiche skizziert werden. Zum einen der Antifaschismus, der durch den Versuch der Aufarbeitung des Nationalsozialismus gekennzeichnet war. Zum anderen der Antikapitalismus, der Kritik an der Ausbeutung im kapitalistischen Wirtschaftssystem äußerte. Zudem bekundeten Anhänger des Antiimperialismus deutliche Solidarität mit den Befreiungsbewegungen in den ehemaligen Kolonien europäischer Staaten (Scharloth 2011, 29).

Verbunden mit einer sozialen Protestbewegung, die eine stärkere Emanzipation von der Elterngeneration zum Ziel hatte, waren es vor allem Studierende, die die weit verbreitete Verdrängung der NS-Vergangenheit in Deutschland nicht länger in Kauf nehmen wollten. Unter der Prämisse ›Unter den Talaren der Muff von hundert Jahren‹ setzten sie sich für eine aktive Vergangenheitsbewältigung ein. Damit verbunden war die Forderung nach *Demokratisierung* und *Gleichberechtigung*. In der Schul- und Sonderpädagogik wurden vor allem das dreigliedrige Schulsystem und seine exkludierenden Tendenzen kritisiert. Hauptangriffspunkt war die *fehlende Bildungsgerechtigkeit* für benachteiligte Schüler, als Lösungsansatz wurde die Einführung von Gesamtschulen diskutiert.

In diesem Kontext erschien 1969 das Gutachten *Begabung und Lernen* des Deutschen Bildungsrates. Erstmals wurde der individualistisch-biologische Begabungsbegriff um die Dimension der *Sozialisation* erweitert. Bis zu diesem Zeitpunkt wurde Begabung als eine von Umwelt und Gesellschaft unabhängige Fähigkeit des Individuums gesehen. Nun rückten ergänzend Sozialisationsauswirkungen in den Fokus: Begabung war nicht mehr abgekoppelt vom Prozess des Hineinwachsens in die Gesellschaft, von Lebensbedingungen, von frühen Lernerfahrungen oder von sozialen und gesellschaftlichen Lernprozessen eines Menschen (Deutscher Bildungsrat 1969, 22 f.).

Der Deutsche Bildungsrat erkannte, dass die Lebensbedingungen, in denen ein Kind aufwächst, wesentlichen Einfluss auf Lernen und Begabung haben. Diese Neudefinition bildete das Fundament für weitere bildungspolitische Publikationen und wissenschaftliche Theorien (z. B. Strukturplan des Deutschen Bildungsrates 1970).

> **Zusammenfassung Kapitel 2.1**
> Übersicht der wichtigsten Entwicklungslinien und Meilensteine:
>
> * Verdrängungsmechanismen in der Heilpädagogik nach dem Zweiten Weltkrieg
> * Rückbesinnung auf Konzepte der Weimarer Republik
> * Denkschrift zu dem Ausbau des heilpädagogischen Sonderschulwesens (Verband deutscher Hilfsschulen 1954)
> * Gutachten zur Ordnung des Sonderschulwesens (KMK 1960)
> * gesellschaftliche Protestbewegung (68er-Bewegung)
> * Gutachten *Begabung und Lernen* (Deutscher Bildungsrat 1969)

2.2 Bildungspolitische Entwicklungslinien bis 1994

Das Konzept Ernst Begemanns und der Strukturplan des Deutschen Bildungsrates 1970

Zwei Veröffentlichungen zu Beginn der 1970er Jahre schlossen direkt an die Entwicklungen der 1960er Jahre an.

Zum einen veröffentlichte Ernst Begemann sein Werk *Die Erziehung der sozio-kulturell benachteiligten Schüler* und begründete die Konzeption einer Pädagogik der *soziokulturellen Benachteiligung*, die aufzeigte, dass Chancengleichheit oder -gerechtigkeit im deutschen Bildungssystem eine Illusion war (Begemann 1970).

Kinder, die mit sozial prekären Lebensbedingungen zurechtkommen müssen, sehen sich vielfältigen Hindernissen gegenüber, die zu Benachteiligungen im Schulsystem und zu Lernbeeinträchtigungen oder Verhaltensauffälligkeiten führen können. Dazu gehören unter anderem die finanzielle Situation der Familie sowie der Bildungsgrad und das Sprachniveau der Eltern.

Die Thesen Begemanns hatten nicht nur innerhalb der Sonderpädagogik großen Einfluss auf die pädagogische Diskussion. Im aktuellen Diskurs ist die Thematik unter dem Stichwort ›Soziale Benachteiligung‹ (u. a. Braune-Krickau/Ellinger/Sperzel 2013) präsent. In den 1970er Jahren regte sie die Auseinandersetzung um ein Gesamtschul- und Ganztagsschulwesen an, da dort bessere Lernbedingungen für benachteiligte Schüler gesehen wurden.

Zum anderen erschien ebenfalls 1970 der *Strukturplan für das Bildungswesen* des Deutschen Bildungsrates. Dieser leistete eine Bestandaufnahme des deutschen Bildungssystems vom Elementarbereich bis zur Sekundarstufe II und dem Bereich der Weiterbildung. Ausdrücklich wurde auf den neuen Begabungsbegriff des Gutachtens *Begabung und Lernen* von 1969 verwiesen und die Rolle von Schule, Familie und Umwelt innerhalb des Bildungsprozesses eines Kindes hervorgehoben. »Die Ursachen für einen Leistungsmangel oder Leistungsabfall sind vom Kind gar nicht und vom Jugendlichen durchweg nicht allein zu verantworten« (Deutscher Bildungsrat 1970, 35). Der Bildungsrat folgte damit konsequent der beginnenden Abweichung von einer individualistisch-biologistischen Sichtweise auf Behinderung.

Das *Prinzip der individuellen Förderung* wurde dem Leistungsprinzip von Schule und Gesellschaft gegenübergestellt. Ziel war es, eine soziale Selektion zu vermeiden und die Schüler auf die Anforderungen des Berufslebens vorzubereiten. Den Diskurs über gesellschaftliche Bildungsverantwortung und soziokulturelle Benachteiligung griff der Strukturplan auf, indem die *Gleichheit der Bildungschancen* als Zielperspektive ausgegeben wurde. Benachteiligte Schüler sollten nicht von einer Senkung des allgemeinen Anspruchsniveaus der Schulen profitieren, vielmehr sollten Chancenunterschiede möglichst früh erkannt und durch ein differenziertes Bildungsangebot und individuelle präventive Förderung aufgefangen werden. Geplant waren strukturelle und curriculare Änderungen, dazu finanzielle Unterstützung für ländliche Regionen (ebd., 30 f.). Schon zur damaligen Zeit nahm der Bildungsrat viele bildungspolitische Diskussionspunkte der kommenden Jahrzehnte vorweg.

Für die Sonderpädagogik war die Veröffentlichung wenig verbindlich, da die Sonderschule im Strukturplan nicht berücksichtigt wurde und sich alle Ausführungen ausschließlich auf das Regelschulsystem bezogen. Die Ausklammerung des Sonderschulwesens kann als ein früher Versuch interpretiert werden, eine weitere Ausgrenzung von Schülern, die den Ansprüchen des Regelschulsystems nicht (mehr) genügen können, zu verhindern. Anstatt soziokulturell benachteiligte Kinder innerhalb des Strukturplans von Anfang an in Sonderschulen zu unterrichten, sollten das Regelschulsystem und die Lehrerausbildung reformiert werden.

Die KMK-Empfehlungen 1972

Trotz der fehlenden Erwähnung im Strukturplan war der Ausbau des Sonderschulwesens zu Beginn der 1970er Jahre weitgehend abgeschlossen.

Aus diesem Grund sah sich die KMK im März 1972 veranlasst, ihre *Empfehlung zur Ordnung des Sonderschulwesens* herauszugeben. Das Dokument verdeutlicht die Diskussionsschwerpunkte, mit denen sich die Sonderpädagogik in den Folgejahren auseinanderzusetzen hatte. Auf der einen Seite war der *Ausbau des Sonderschulwesens* weit fortgeschritten, die Sonderschule als eigene Schulform etabliert. Auf der anderen Seite traten Positionen über *gemeinsamen Unterricht* von behinderten und nicht behinderten Kindern – oft durch Elterninitiativen ins Rollen gebracht – in den Diskurs ein. Diese zwangen die Sonderpädagogik zu einer Reflexion der eigenen Haltung.

Die Empfehlungen der KMK spiegelten dieses ambivalente Verhältnis wider. Eine Sonderschule war dann zu besuchen, wenn

Kinder und Jugendliche »in ihrer Entwicklung und in ihrem Lernen so beeinträchtigt sind, daß sie in den allgemeinen Schulen nicht oder nicht ausreichend gefördert werden können« (KMK 1972, 7). Die Schule für Lernbehinderte stellte eine eigenständige Sonderschulform dar, die auf Basis eines spezifischen Lehrplans Schüler mit Schulleistungsproblemen differenziert und individualisiert unterrichtete, um sie zu einem Schulabschluss zu führen und ihnen den Einstieg ins Berufsleben zu ermöglichen. Die KMK legte insgesamt zehn Sonderschultypen fest, was die Abgrenzung von den allgemeinen Schulen unterstrich:

- Schule für Blinde
- Schule für Gehörlose
- Schule für Geistigbehinderte
- Schule für Körperbehinderte
- Schule für Kranke/Hausunterricht
- Schule für Lernbehinderte
- Schule für Schwerbehinderte
- Schule für Sehbehinderte
- Schule für Sprachbehinderte
- Schule für Verhaltensgestörte

Gleichzeitig griff die KMK die *Reformdiskussion* auf und betonte das Ziel, die Anzahl der Sonderschüler durch Maßnahmen der vorschulischen Förderung oder der Differenzierung zu verringern. Die »Durchlässigkeit zwischen den einzelnen Sonderschultypen und zu den allgemeinen Schulen ist in besonderem Maße zu sichern« (ebd., 9), damit Schülern die Rückkehr in die Regelschule ermöglicht werden kann. Bei Grenzfällen, bei denen der bestmögliche Beschulungsort nicht zweifelsfrei zu klären ist, waren die Regelschulen angehalten, diese Schüler aufzunehmen und ihnen innerhalb ihrer Möglichkeiten durch Differenzierung bestmögliche Förderung zukommen zu lassen. »Es muss gerade für solche schwierigen Kinder, die bisher häufig in die Sonderschulen überwiesen wurden, nach Formen der Integration gesucht werden« (ebd.).

Diese offene Aufforderung zur Integration befeuerte die Diskussion, zeigt sie doch, dass schon zu Beginn der 1970er Jahre Überlegungen vorhanden waren, wonach eine Beschulung im Sonderschulsystem nicht immer die beste Lösung für Menschen mit Behinderung ist. Dies galt vor allem für Schüler, die kognitiv nicht beeinträchtigt waren und denen im Sinne der Ressourcenorientierung der bestmögliche Bildungsabschluss gewährt werden sollte. Zusätzliche Unsicherheit brachte die Formulierung der Empfehlungen, eine Sonderschule sei dann zu besuchen, wenn eine ausreichende Förderung in der allgemeinen Schule nicht oder nicht mehr möglich sei. Eine genaue Bestimmung, wann dies im Einzelfall eintritt, existierte nicht.

Die Empfehlungen des Deutschen Bildungsrates 1973

Auch der Deutsche Bildungsrat befürwortete in seinen *Empfehlungen zur pädagogischen Förderung behinderter und von Behinderung bedrohter Kinder und Jugendlicher* von 1973 deutlich eine integrative Beschulung.

Als Nachtrag zum Strukturplan von 1970 gedacht, wurde erstmals der *gemeinsame Unterricht* von behinderten und nicht behinderten Kindern propagiert. Dem vorherrschenden Prinzip der schulischen Segregation wurde das *Integrationsprinzip* gegenübergestellt, um die soziale Ausgrenzung Behinderter aufzubrechen. Der von der KMK beschrittene Weg des Ausbaus der Sonderschulen wurde als eine kurzfristig gedachte Perspektive eingestuft, langfristig gesehen sollte eine Umstellung auf integrativen Unterricht erfolgen.

Der Bildungsrat brach in diesem Zusammenhang mit der Lehrmeinung, dass behinderten Schülern mit besonderen schulischen Maßnahmen in separaten Einrichtungen am besten geholfen sei. Sogar für schwer oder mehrfach behinderte Kinder und

Jugendliche forderte er die Möglichkeit zu *sozialem Kontakt* mit Nichtbehinderten (Deutscher Bildungsrat 1973, 15 f.).

Ziel und gleichzeitige Begründung der Konzeption war die Verhinderung von Aussonderung. Sie basierte auf der Annahme der Bildungsfähigkeit aller Kinder und Jugendlichen. Damit verbunden war es die Aufgabe eines demokratischen Staates, Integration zu ermöglichen, »denn eine schulische Aussonderung der Behinderten bringt die Gefahr ihrer Desintegration im Erwachsenenleben mit sich« (ebd., 16). Diese Desintegration galt es nicht zuletzt aus gesellschaftlich-politischer Perspektive zu vermeiden, da desintegrierte Erwachsene höhere Kosten für den Sozialstaat verursachen.

Die *Umsetzung* der Empfehlungen war auf drei Ebenen geplant.

Der Ausbau von Frühförderzentren sollte eine *lückenlose Früherkennung* ermöglichen, die auch die ersten drei Lebensjahre einschloss, eine in den 1970er Jahren neue Sichtweise auf kindliche Entwicklung und Förderung. Auf institutioneller Ebene forderte der Bildungsrat, *kooperative Schulzentren* mit abgestuften Maßnahmen als Verbindungsglied zwischen Sonder- und allgemeinen Schulen einzurichten. Neben Hilfestellungen zur vollständigen Integration durch innere Differenzierung im Unterricht der Regelschule sollte eine Teilintegration in Form von stundenweise gemeinsamem Unterricht möglich sein, auch Unterricht ohne Integration als separate Beschulung (z. B. bei schwerer Mehrfachbehinderung) war angedacht. Die notwendige Individualisierung des Unterrichts zielte vor allem auf *Binnendifferenzierung*, das Gutachten forderte dabei besonders die Beachtung der Bedürfnisse der Schüler mit Behinderungen, war sich aber bewusst, dass »durch die gemeinsame Unterrichtung das Lernen der Nichtbehinderten nicht beeinträchtigt werden [darf]« (ebd., 17).

Für das Ausmaß der Integration und den Grad der Binnendifferenzierung im Unterricht waren Art und Schwere der Behinderung entscheidend. Dabei bezog sich der Bildungsrat auf einen damals *modernen Behinderungsbegriff*. Der Fokus lag auf dem Ausmaß an möglicher gesellschaftlicher Teilhabe. Da auch Kinder und Jugendliche eingerechnet wurden, die von Behinderung bedroht waren, wurde ein präventiver Ansatz verfolgt, um z. B. sozial benachteiligte Schüler vor einer Sonderschulkarriere zu bewahren.

Behinderung wurde über zwei Pole definiert. Zum einen über einen *individuellen Zugang* mit Blick auf den behinderten Menschen und seine unmittelbaren körperlichen oder kognitiven Einschränkungen. Zum anderen über eine *gesellschaftliche Perspektive*, die das Scheitern sozialer Interaktion und Eingliederung im öffentlichen Leben thematisierte. Daraus schlussfolgerte das Gutachten, dass Behinderung stets einer Relativität unterliegt. Das, was als Behinderung angesehen wird, hängt »neben den Merkmalen der Person weitgehend auch von den allgemeinen Wertsetzungen, Erwartungen und Gewohnheiten in der Gesellschaft ab« (ebd., 34). Der Grad einer Behinderung wird davon beeinflusst, inwieweit die Umwelt bereit ist, Menschen mit Beeinträchtigung zu akzeptieren und ihnen entsprechende Hilfen zukommen zu lassen.

Die Empfehlungen der Bildungskommission nahmen mehrere spätere Entwicklungen und Veröffentlichungen vorweg. Die KMK legte 1994 neue Formen der Förderung behinderter Kinder und Jugendlicher fest und folgte damit den Vorstellungen des Bildungsrats. Die Überlegungen über die Relativität von Behinderung und der Auftrag an die Gesellschaft, Teilhabe von Menschen mit Behinderung zu ermöglichen, erinnert stark an den notwendigen Bewusstseinswandel, der aktuell im Rahmen der Inklusion diskutiert wird.

In der Praxis sahen sich die Empfehlungen verschiedenen *Schwierigkeiten* gegenüber. Der Zeitpunkt der Forderungen für eine gemeinsame Beschulung behinderter und nicht behinderter Schüler war ungünstig gewählt, das Sonderschulsystem erst kurz zuvor mit erheblichen finanziellen Mitteln ausgebaut worden, eine innere Schulreform auf politischer Ebene nicht vermittelbar. Zudem war die Wirkungslosigkeit wohl auch dem Fehlen eines unterrichtlichen Differenzierungskonzeptes geschuldet. Für viele

Lehrkräfte gab es keine Möglichkeit, den neuartigen zieldifferenten Unterricht in heterogenen Lerngruppen auf Praxistauglichkeit und Lehrplankonformität zu überprüfen. Diese Unsicherheit bremste die Forderung nach integrativer Beschulung.

Die hohen Erwartungen, die an die Empfehlungen gestellt wurden, konnten nicht verwirklicht werden, die erhoffte Öffnung der allgemeinen Schulen für gemeinsamen Unterricht blieb aus. Positiv zu erwähnen ist eine Intensivierung der Diskussion über schulische Integration, begleitet von verschiedenen Schulversuchen wie der Uckermark-Grundschule in Berlin, die ein Integrationsprojekt in allen Grundschulklassen startete.

Zusammenfassung Kapitel 2.2
Übersicht der wichtigsten Entwicklungslinien und Meilensteine:

- Ernst Begemanns Konzept der soziokulturellen Benachteiligung (1970)
- Strukturplan für das deutsche Bildungswesen (Deutscher Bildungsrat 1970)
- KMK-Empfehlungen zur Ordnung des Sonderschulwesens (1972)
- Empfehlungen zur pädagogischen Förderung behinderter und von Behinderung bedrohter Kinder und Jugendlicher (Deutscher Bildungsrat 1973)

2.3 Exkurs: Die Entwicklungen in der DDR

Auch in der sowjetischen Besatzungszone und späteren Deutschen Demokratischen Republik (DDR) begann man nach 1945 mit dem *Wiederaufbau des Hilfsschulwesens*. Nur zwei Jahre nach Kriegsende wurde das Referat für Sonderschulen innerhalb der deutschen Verwaltung für Volksbildung gegründet. Dessen Hauptaufgabe war es, das Hilfsschulwesen in unterschiedliche Sonderschularten auszudifferenzieren und Aufnahmekriterien festzulegen.

Soziale Rahmenbedingungen wurden durch eine individualistisch-biologistische Sichtweise als Ursachen ausgeschlossen, aufgenommen wurde ein Schüler nur, »wenn mit Sicherheit feststeht, daß die Ursachen in erheblichen Defekten des Kindes selbst liegen« (Deutsche Verwaltung für Volksbildung 1947, 18). So sollte vermieden werden, dass Hilfsschulen zu einer Schule der Armen und sozial Schwachen werden.

Die Begründungen für den Ausbau des Sonderschulwesens in der DDR unterschieden sich nicht wesentlich von denen der Bundesrepublik. Im Mittelpunkt stand die *Betonung des Bildungsrechts* der als geschädigt bezeichneten Menschen, dazu kamen wirtschaftlich-finanzielle Überlegungen. Bei separater Beschulung geschädigter Schüler könne die Regelschule ihre Leistungsfähigkeit erhöhen, gleichzeitig erschien eine Sonderbeschulung mit dem Ziel der Lebens- und Berufsvorbereitung kostengünstiger als dauerhafte staatliche finanzielle Fürsorge. Auf ideologischer Ebene diente die Sonderschule als Abgrenzungsmerkmal gegenüber dem Nationalsozialismus und später auch gegenüber dem propagierten kapitalistischen ›Ausbeuterstaat‹ nichtsozialistischer Länder. Paul Wandel, Leiter der Deutschen Zentralverwaltung, rühmte 1947 das Hilfsschulwesen »als ein(en) Beweis für die Aufrichtigkeit und Realität unseres neues Humanismus« (Wandel 1947, zit. nach Ellger-Rüttgardt 2012, 66). Es sollte gezeigt werden, dass jedem Kind, unabhängig von körperlicher und geistiger Verfassung, Zugang zu Bildung gewährt wurde.

Ein Jahr später allerdings wurde ein *neues Schulgesetz* verabschiedet, das den Ausführungen von Wandel widersprach. Es enthielt den Ausschluss geistig Behinderter aus dem Schulsystem. Trennlinie war die Einstufung als bildungsfähig bzw. bildungsunfähig:

> »Kinder mit geistigen, körperlichen und sittlichen Ausfallerscheinungen und Schwächen, die aber noch bildungs- und erziehungsfähig sind, werden besonderen Schulen und Heimen zugewiesen [...]. Bildungsunfähige Kinder und Jugendliche sind von der Schulpflicht befreit« (Schulgesetz der DDR 1948, zit. nach ebd., 67).

Die Formulierung gleicht dem Inhalt der Paragraphen 6 und 11 des von den Nationalsozialisten erlassenen Reichsschulpflichtgesetzes von 1938 sehr stark. Dies verwundert ob den Bemühungen der sowjetischen Besatzungsmacht, sich so konsequent wie möglich vom nationalsozialistischen Staat zu distanzieren.

Im Reichsschulpflichtgesetz heißt es:

> »§ 6 Schulpflicht geistig und körperlich behinderter Kinder
> (1) Für Kinder, die wegen geistiger Schwäche oder wegen körperlicher Mängel dem allgemeinen Bildungsweg der Volksschule nicht oder nicht mit genügendem Erfolge zu folgen vermögen, besteht die Pflicht zum Besuch der für sie geeigneten Sonderschulen oder des für sie geeigneten Sonderunterrichts (Hilfsschulen, Schulen für Krüppel, Blinde, Taubstumme u. ä.).
> § 11 Befreiung von der Schulpflicht
> Bildungsunfähige Kinder und Jugendliche sind von der Schulpflicht befreit.« (Reichsschulpflichtgesetz 1938, 2 f.)

Das Schulgesetz der DDR von 1948 formulierte die Befreiung von der Schulpflicht im gleichen Wortlaut wie das Reichsschulpflichtgesetz von 1938. Vor dem Hintergrund der Behandlung behinderter Menschen im Dritten Reich erhält es so eine negative Ausrichtung. Die Verfasser scheinen sich dieses Umstandes nicht bewusst gewesen zu sein, anders lässt sich der Rückgriff auf nationalsozialistische Gesetze nur schwer erklären.

Die Zeit bis Ende der 1950er Jahre war vom *Ausbau der Sonderschulen* geprägt, es sind deutliche Parallelen zum Verlauf in der BRD sichtbar. Um die Qualität der Beschulung zu steigern, wurde veranlasst, das *Gesetz über die sozialistische Entwicklung des Schulwesens in der Deutschen Demokratischen Republik* von 1959 auch auf Sonderschulen anzuwenden. Inhaltlich sah das Gesetz die Einführung der zehnstufigen polytechnischen Oberschule mit verstärkter Vorbereitung auf das Berufsleben vor. Analog dazu wurden die Anforderungen an Sonderschulen erhöht, indem die Schulstruktur dreigegliedert und leistungsdefinierte Abstufungen – vergleichbar mit dem M-Zug der heutigen Mittelschule – eingeführt wurden.

Seine endgültige Gestalt erhielt das Sonderschulwesen mit einer weiteren Reform 1968. Ab diesem Zeitpunkt bestand es aus Schulen für verschiedene Schädigungsarten und differenzierte sich in vorschulische Institutionen sowie allgemeinbildende und berufsbildende Schulen. Die einzige Änderung bis zum Ende der DDR erfolgte 1972, als die Dreigliederung auf zwei Abstufungen reduziert wurde, da sich erstere als nicht praxistauglich erwiesen hatte (Ellger-Rüttgardt 2012, 65–70).

Zu keinem Zeitpunkt fand in der DDR eine Diskussion über die Integration behinderter Kinder in das Regelschulsystem statt. Zum einen existierten im Gegensatz zur BRD keine einflussreichen Eltern- bzw. Interessenvertretungen wie die Lebenshilfe, die sich für die Rechte von Menschen mit Behinderungen einsetzten. Zum anderen war das Bildungswesen stark zentralistisch organisiert, pädagogisch freiere Interpretationen offizieller Schulbestimmungen oder die Durchführung von alternativen Schulversuchen gestalteten sich schwierig. Nicht nur die Sozialistische Einheitspartei Deutschlands (SED), auch führende Pädagogen (z. B. Paul Wandel) betonten immer wieder die humanistische Ausrichtung von Bildung und Erziehung, die Gleichberechtigung Geschädigter und deren Recht auf Bildung. Es entwickelte sich ein *Selbstverständnis* der Heilpädagogik, das von der Überzeugung bestimmt war, geschädigte Menschen seien in der sozialistischen Gesellschaft bereits vollständig integriert. Weiterführende integrative Maßnahmen oder ein Diskurs über die Verhältnisse im Sonderschulsystem wurden deshalb als überflüssig erachtet.

> **Zusammenfassung Kapitel 2.3**
> Übersicht der wichtigsten Entwicklungslinien und Meilensteine:
>
> - Gründung des Referats für Hilfsschulen (1947)
> - Novellierung des Schulgesetzes (1948)
> - ab ca. 1950: Ausbau des Sonderschulwesens
> - Anwendung des *Gesetzes über die sozialistische Entwicklung des Schulwesens in der Deutschen Demokratischen Republik* auf Sonderschulen (1958)
> - erste Reform: Trennung in vorschulische, allgemein- und berufsbildende Institutionen (1968)
> - zweite Reform: Reduzierung der Dreigliedrigkeit auf zwei Abstufungen (1972)
> - fehlender Diskurs über integrative Beschulung behinderter Kinder und Jugendlicher

2.4 Die KMK-Empfehlungen von 1994

In der Bundesrepublik dauerte es etwa zwanzig Jahre, bis die KMK 1994 mit den *Empfehlungen zur sonderpädagogischen Förderung in den Schulen in der Bundesrepublik Deutschland* weitere Richtlinien für die Sonderpädagogik herausgab.

Die Veröffentlichung markierte einen *Wendepunkt* in der Beschulung behinderter Kinder und Jugendlicher, bisher vor allem Aufgabengebiet der Sonderpädagogik. »Die Bildung behinderter Menschen ist verstärkt als gemeinsame Aufgabe für grundsätzlich alle Schulen anzustreben« (KMK 1994a, 2). Nicht mehr nur in Sonderschulen sollten Menschen mit Beeinträchtigungen unterrichtet und gebildet werden, auch die allgemeinen Schulen wurden aufgefordert, sich dieser Aufgabe zu stellen. Ab sofort waren alle Schulen mögliche Orte sonderpädagogischer Arbeit.

Ausgangslage der Überlegungen waren die gesellschaftlichen Entwicklungen und Umbrüche, die sich seit dem Erscheinen der letzten Stellungnahme 1972 vollzogen hatten. Man ging von veränderten Lebens- und Lernbedingungen der Schüler aus. Der Behinderungsbegriff wurde überarbeitet und neue Ansätze sonderpädagogischer Förderung wurden berücksichtigt. Diese waren nicht mehr institutionsbezogen im Sinne der Sonderschulbedürftigkeit gedacht, sondern personenbezogen im Rahmen des *sonderpädagogischen Förderbedarfs*. Die Unterscheidung zwischen institutioneller und personenbezogener Herangehensweise war nichts grundlegend Neues. Allerdings veränderte sich die Gewichtung der beiden Sichtweisen, ab 1994 war eine »eher personenbezogene, individualisierende und nicht mehr vorrangig institutionenbezogene Sichtweise sonderpädagogischer Förderung« (ebd., 2) leitend. Die individuelle Situation eines Kindes stand im Fokus des pädagogischen Interesses. Sonderpädagogischer Förderbedarf war festzustellen, wenn eine so starke Beeinträchtigung der Entwicklungs-, Bildungs- und Lernmöglichkeiten bestand, dass eine Beschulung einschließlich adäquater Förderung in der Regelschule nicht erfolgen konnte.

Die neue Leitlinie hob die starre Zuordnung von Behinderungsarten zu Sonderschultypen auf, es wurden acht verschiedene *Förderschwerpunkte* eingeführt. Dies war notwendig, da sich ein Förderbedarf nicht ausschließlich über schulfachspezifische Anforderungen bestimmen lässt. Ziel war es, mit Hilfe von Schüler- und Ressourcenorientierung eine möglichst vollwertige schulische und berufliche Integration sowie Teilhabe in Verbindung mit selbstständiger Lebensführung zu erreichen.

Damit hing auch eine *Pluralisierung der Förderorte* zusammen. Sonderpädagogische Hilfen waren im Prinzip an jeder Schule denkbar, allgemeine Schulen sollten bevorzugt als Lernorte gewählt werden. Die KMK unterschied verschiedene Förderorte: Sonderpädagogische Förderung konnte präventiv in der Frühförderung, im gemeinsamen Unterricht, in der Förderschule, in kooperativer Form, in sonderpädagogischen Förderzentren oder im berufsbildenden Bereich beim Übergang in die Arbeitswelt erfolgen (ebd., 11 ff.). Die Feststellung eines sonderpädagogischen Förderbedarfs musste in keiner Weise eine separate Beschulung nach sich ziehen, die Förderschule war ein Förderort unter vielen.

Sichtbar wurde eine ganzheitliche Ausrichtung, die sich nicht auf den schulischen Bereich beschränkte, sondern ebenso den Zeitraum vor der Einschulung durch Einbezug von Prävention, Frühförderung und Beratung sowie die nachschulische Situation (berufsbildender Bereich) im Blick behielt.

Besonders betont wurde das *Subsidiaritätsprinzip*. Sonderpädagogische Arbeit sollte dort ansetzen, wo in problematischen Erziehungs- und Bildungssituationen eine allgemeine pädagogische Unterstützung nicht ausreichte. Diese Einschätzung war immer eine Einzelfallbetrachtung, da sich jeder Schüler und jede pädagogische Situation unterscheiden. Erneut trat die Frage nach dem Förderort in den Hintergrund, entscheidend war das Ausmaß an zur Verfügung gestellter Förderung. Im Mittelpunkt standen der Schüler und seine individuellen Problemlagen an unterschiedlichen Lernorten, nicht mehr die Sonderschule als Institution. Dazu passte die Erweiterung des Personenkreises, leitendes Ziel war das »Recht der behinderten und von Behinderung bedrohten Kinder und Jugendlichen auf eine ihren persönlichen Möglichkeiten entsprechende schulische Bildung und Erziehung« (ebd., 3).

Die KMK-Empfehlungen hatten aufgrund der Legitimation der veröffentlichenden Institution großen Einfluss, rechtlich gesehen bestand jedoch keinerlei Umsetzungspflicht, eine Berücksichtigung erfolgte auf freiwilliger Basis. Diese Einschränkung wurde von weiteren Kritikpunkten auf inhaltlicher Ebene begleitet.

Die Einführung des Begriffs des sonderpädagogischen Förderbedarfs war nicht unproblematisch. Es handelte sich um ein Konstrukt, das bei Schülern diagnostiziert werden konnte und im Individuum verortet war. Damit ging eine *defizitorientierte Sichtweise* einher, es bestand die Gefahr, die Gesamtpersönlichkeit eines Schülers, die nicht nur aus förderungswürdigen Eigenschaften besteht, aus den Augen zu verlieren. Die fehlende Spezifizierung verschärfte dieses Problem, es wurde nicht ausgeführt, was einen sonderpädagogischen von einem pädagogischen Förderbedarf abgrenzt. Der Begriff blieb wenig trennscharf, nur die Ausgangslage, nämlich die Diagnose von förderbedürftigen Defiziten, war eindeutig. Bleidick, Rath und Schuck (1995) erheben den Vorwurf der Tautologie, da die Definition lediglich einen unspezifischen Eigenbezug enthalte: »Sonderpädagogischer Förderbedarf liegt dort vor, wo Schüler sonderpädagogischer Förderung bedürfen« (Bleidick/Rath/Schuck 1995, 254). Damit war noch keinerlei Aussage über die Art des Bedarfs oder die Beschaffenheit der Förderung gemacht. Die KMK selbst trug zur Begriffsverwirrung bei. Sie ersetzte die Sonderschulbedürftigkeit nicht durchgehend durch die neue Bezeichnung, sondern stellte beide Begriffe nebeneinander.

Durch Feststellung des sonderpädagogischen Förderbedarfs erhielt ein Schüler den Status erhöhter personeller und sachlicher Mittelzuweisung, es wurden zusätzliche pädagogische Kräfte und finanzielle Unterstützung zur Verbesserung der Schulausstattung gewährt. Im Umkehrschluss bekam eine Schule umso mehr zusätzliche Ressourcen, je mehr Schüler mit sonderpädagogischem Förderbedarf an der Schule unterrichtet wurden. Folge war eine vermehrte Feststellung von sonderpädagogischem Förderbedarf. Die Diagnose wurde zum Etikett, das benötigt wurde, um möglichst viele Ressourcen zu erhalten, sie verlor ihre eigentliche Funktion. Es ging nicht mehr um das einzelne Kind, das in seinem Recht auf Bildung unterstützt werden sollte. Sonderpädagogischer Förderbedarf diente als Legitimation für personelle und schulorganisatorische Strukturen. Dieser Mechanismus wird als *Etikettierungs-Ressourcen-Dilemma* bezeichnet, er führte zu einer Umkehrung der Integrationsabsicht:

»Man kann es wirklich kaum glauben: Seitdem Prävention und Integration praktiziert werden, steigt die Zahl problematischer und behinderter Kinder unaufhörlich. Die angemeldeten Förderbedarfe schießen wie Pilze aus dem Boden, und die Nachfrage nach neuen und zusätzlichen Ressourcen ist schier grenzenlos« (Wocken 1996, 36).

In den Empfehlungen waren Aussagen zu Förderformen und Förderorten sehr allgemein und offen formuliert. Für eine spezifischere Ausarbeitung waren die Empfehlungen zu den einzelnen Förderschwerpunkten sowie die Ausführungen der einzelnen Bundesländer heranzuziehen. Einigkeit herrschte in den Empfehlungen darüber, dass an den unterschiedlichen Förderorten eine gleichbleibend hohe Qualität und Intensität der Förderung anzustreben ist. Diese Erwartung schien schwer umsetzbar, verfügten Sonderschulen doch im Gegensatz zu vielen allgemeinen Schulen über eine spezifischere Ausstattung und entsprechend geschulte Lehrkräfte. Wie eine qualitativ gleichwertige Förderung an allen Förderorten ohne Umschichtung der sonderpädagogischen Expertise an die allgemeinen Schulen erfolgen sollte, wurde von der KMK nicht dargelegt. Zusätzlich wurden Beratungs- sowie pflegerische und therapeutische Angebote explizit in das Aufgabenprofil aufgenommen. Für Regelschullehrkräfte und Sonderpädagogen konnte es in diesem Rahmen schnell zu Überforderungen kommen, da eine entsprechende Ausbildung und einschlägige Erfahrungen häufig fehlten.

Die verschiedenen Förderorte wurden nur knapp beschrieben, für das sonderpädagogische Förderzentrum wäre eine ausführliche Darstellung mit inhaltlicher Klarheit wünschenswert gewesen. So wurde nicht deutlich, ob es sich um Einrichtungen handelt, die mehrere Fachrichtungen unter einem Dach vereinen (z. B. Förderschwerpunkte Lernen, emotionale und soziale Entwicklung und Sprache) oder ob ein Förderzentrum keine eigenen Klassen besitzt, sondern seine Kompetenz als Beratungsinstanz für allgemeine Schulen zur Verfügung stellt. Auch Mischformen waren denkbar.

Die Empfehlungen koppelten den gemeinsamen Unterricht an allgemeinen Schulen an deren Ressourcen. Eine Beschulung im

Regelschulsystem war unter anderem abhängig von den »Fördermöglichkeiten der allgemeinen Schule« (KMK 1994a, 7), der »Verfügbarkeit des erforderlichen sonderpädagogischen Personals« (ebd.) und der »Verfügbarkeit technischer, apparativer Hilfsmittel sowie spezieller Lehr- und Lernmittel, ggf. baulich-räumlicher Voraussetzungen« (ebd.). Diese Verknüpfung konnte als *Ausstiegsklausel* für allgemeine Schulen dienen, die nicht gewillt waren, Kinder mit sonderpädagogischem Förderbedarf zu beschulen. Eine Ablehnung betroffener Schüler mit Verweis auf fehlende Fördermöglichkeiten oder räumliche Engpässe war leicht denkbar. Vermeintliche Sachzwänge verhinderten die Umsetzung des eigentlich Möglichen.

Die KMK verpasste 1994 die Chance, mit ihren Empfehlungen die Verknüpfung und Kooperation des Schulsystems mit verschiedenen Unterstützungssystemen voranzutreiben. Es fanden sich nur sehr wenige Ausführungen über die Früh- und Elementarpädagogik, über berufliche und außerschulische Bildung sowie über Erwachsenenbildung. Diese Fixierung auf schulische Förderung widersprach der offiziellen Zielsetzung, ein »möglichst hohes Maß an schulischer und beruflicher Eingliederung, gesellschaftlicher Teilhabe und selbstständiger Lebensgestaltung« (ebd., 3) anzustreben. Die nicht ausgeführten Bereiche lagen nicht genuin im Zuständigkeitsbereich der KMK, was eine Ausweitung laut Aussage des Ministeriums unmöglich machte. »Das ist bürokratisch zu verstehen, aber um der Sache willen nicht zu billigen« (Bleidick/Rath/Schuck 1995, 253).

Trotz der berechtigten Kritik stellten die Empfehlungen zur sonderpädagogischen Förderung eine *wichtige Orientierungshilfe* für das Sonder- und Regelschulsystem dar. Dabei ist zu beachten, dass derartige Empfehlungen unter dem Zwang einstimmiger Verabschiedung stehen. Das Zustandekommen der Empfehlungen ist bei 16 Landesregierungen mit jeweils unterschiedlich ausdifferenziertem Bildungssystem besonders vor dem Hintergrund der politischen Gegensätze zwischen sozialdemokratisch und christdemokratisch regierten Bundesländern beachtenswert. Der Vorwurf, es handele sich um ein Konsenspapier ist insofern keine Kritik, sondern eine logische Folge der Zusammensetzung der Bildungskommission.

Positiv hervorzuheben ist der schulartübergreifende Ansatz der Empfehlungen. Ebenfalls 1994 veröffentlichte die KMK die *Empfehlungen zur Arbeit in der Grundschule*. Sie enthielten ein Kapitel zur sonderpädagogischen Förderung, die als wichtig für präventive Maßnahmen bezeichnet wurde. Die Bedeutung sozialer Kontakte von Schülern mit und ohne Behinderung wurde unterstrichen, »Grundschule und Sonderschule sollen dafür Sorge tragen, daß behinderte und nicht behinderte Kinder gemeinsame Erfahrungen machen können« (KMK 1994b, 15).

> **Zusammenfassung Kapitel 2.4**
> Übersicht der wichtigsten Inhalte der KMK-Empfehlungen 1994:
>
> - Bildung behinderter Kinder als Aufgabe aller Schulen
> - sonderpädagogischer Förderbedarf statt Sonderschulbedürftigkeit
> - Einführung verschiedener Förderschwerpunkte
> - Pluralisierung der Förderorte
> - Betonung des Subsidiaritätsprinzips

2.5 Entwicklungen bis zum Ende des 20. Jahrhunderts

Die Salamanca-Erklärung der UNESCO und die Erweiterung des Grundgesetzes 1994

Integrativer Unterricht an allgemeinen Schulen war in Deutschland spätestens seit 1994 möglich. Im gleichen Jahr veröffentlichte die UNESCO (Organisation der Vereinten Nationen für Erziehung, Wissenschaft und Kultur) die Salamanca-Erklärung, die vehement eine integrative Position vertrat und eine Schule für Alle forderte.

Allgemeine Schulen wurden dazu aufgefordert, Konzepte zu entwickeln, um alle Schüler erfolgreich unterrichten zu können, jene eingeschlossen, die von Behinderung und Benachteiligungen betroffen sind.»Wir anerkennen die Notwendigkeit und Dringlichkeit, Kinder, Jugendliche und Erwachsene mit besonderen Förderbedürfnissen innerhalb des Regelschulwesens zu unterrichten« (UNESCO 1994, 2). Jeder Mensch verfügt über individuelle und einmalige Fähigkeiten, Eigenschaften und Bedürfnisse. Das Bildungs- und Schulsystem sollte dieser Vielfalt Rechnung tragen, indem auch Menschen mit besonderen Bedürfnissen Zugang zu Regelschulen gewährt wird.

Es ist eine *Änderung der sozialen Perspektive* nötig, um diese Eigenschaften nicht mehr als defizitbehaftet, sondern als selbstverständlich zu betrachten. Integrative Schulen waren laut UNESCO gut geeignet, durch gemeinsames Lernen von Menschen mit und ohne Behinderungen Diskriminierungen zugunsten von Gemeinschaft zu bekämpfen und über eine integrative Schule Bildung für alle zu erreichen. Das Eingehen auf *individuelle Bedürfnisse* der Schüler war ein integrativer Zugang, bei dem jedoch keine neuen Aussonderungsmechanismen geschaffen werden sollten, da alle Kinder Unterstützung erhalten sollten, die sich lediglich in ihrer Ausprägung unterschied.

Die Vorstellungen der UNESCO griffen auf reformpädagogische Ansätze zurück. Nicht das Kind muss sich nach Vorgaben über Lerntempo oder Lernmethode richten, vielmehr ist das Lernen am Kind auszurichten (kindzentrierte Pädagogik). Mit Nachdruck wurde auf eine schnelle Umsetzung der integrativen Pädagogik gedrängt, »viel zu lange wurden die Probleme von Menschen mit Behinderung durch eine behindernde Gesellschaft verursacht, die deren Schwächen mehr Beachtung geschenkt hat als den Stärken« (ebd., 4).

Der Appell wurde in Deutschland weitgehend ignoriert, die Erklärung entfaltete keine Wirkung in der Bildungslandschaft. Während andere Länder (z. B. Schweden, Finnland) damit begannen, ihre Schulsysteme integrativ auszurichten oder sich ernsthaft mit dieser Möglichkeit auseinandersetzten, blieb in Deutschland das früh selektierende, dreigliedrige Schulsystem unangetastet.

Durch zwei *Kritikpunkte* wurde der integrative Unterricht von Befürwortern der separierten Beschulung in der Bundesrepublik in Frage gestellt.

Die gemeinsame Beschulung von behinderten und nicht behinderten Schülern sorgt nicht per se für positive Effekte hinsichtlich der schulischen Leistungen und des Einstellungswandels, solange keine zielgerichteten pädagogischen Konzepte vorhanden sind. Entscheidend sind Art, Intensität und Emotionalität des Kontakts. Ein schlüssiges Konzept wurde von der UNESCO nicht vorgelegt. So waren die allgemein gehaltenen Formulierungen der Erklärung angreifbar. Zudem waren die Aussagen über die Wirksamkeit gemeinsamen Unterrichts hinsichtlich besserer Lernleistungen von Kindern mit besonderen Bedürfnissen und hinsichtlich des Abbaus von Vorurteilen und Diskriminierung wissenschaftlich nicht fundiert. In der Erklärung findet sich kein Verweis auf empirische Untersuchungen, die das Vorhandensein oder den Grad der Verbesserungen belegen können. Bis heute ist nicht abschließend geklärt, ob es in integrativen Klassen zu mehr oder weniger Ausgrenzung als im Förderschulwesen kommt. Die Studienlage tendiert dazu, auch in integrativen Settings Diskriminierungen festzustellen, was gegen einen Einstellungswandel spricht (u. a. Stein/Ellinger 2015). Eine empirische Untersuchung von Tent et al. aus dem Jahr 1991 kam schon vor Erscheinen der Erklärung zu dem Ergebnis, dass für soziale Integration in integrativen Klassen keine positiven Effekte nachweisbar sind, die stark genug ausfallen, um Stigmatisierungseffekte an Sonderschulen aufzuheben. Es ist denkbar, dass die unklare empirische Lage die in Deutschland herrschende Unsicherheit gegenüber dem gemeinsamen Unterricht noch verstärkt und die Umsetzung ausgebremst hat.

Im Oktober 1994 wurde das *deutsche Grundgesetz* erweitert. Der dritte Artikel erhielt in Absatz 3 den Zusatz, niemand dürfe wegen einer Behinderung benachteiligt werden. Das *Diskriminierungsverbot* galt nun nicht nur für Geschlecht, Herkunft oder religiöse und politische Ansichten, sondern auch für körperliche, geistige und seelische Beeinträchtigungen. Für die entsprechende Definition von Beeinträchtigung wurde auf das neunte Sozialgesetzbuch (SGB IX) in § 2 verwiesen. Entscheidend sind Entwicklungsabweichungen in Bezug auf das Alter und eine eingeschränkte Teilhabe am Leben in der Gesellschaft.

Durch die Gesetzeserweiterung befand sich die BRD zumindest auf juristischer Ebene schon lange vor Erscheinen der Behindertenrechtskonvention auf dem Weg in Richtung Integration bzw. Inklusion.

Integrative Schulversuche und die KMK-Empfehlungen zum Förderschwerpunkt Lernen (1999)

Ab 1994 wurden in Deutschland vermehrt *integrative Schulversuche* gestartet.

In *Hessen* wurden 1994 nach der Bereitstellung von 400 Lehrerstellen bereits 1.500 behinderte Schüler in Integrationsklassen beschult. In *Hamburg* gab es im Herbst 1997 mehr als 370 integrativ unterrichtende Grundschulklassen, die von ca. 9.000 Schülern besucht wurden (Deutscher Lehrerverband 2013, 153).

Der empirisch belegbare *Erfolg* dieser Integrationsversuche fiel allerdings *gering* aus. Die Schulämter in Hessen kehrten nach Auswertung der Daten zur Empfehlung der Sonderschule als Förderort für Kinder mit Behinderungen zurück, auch in Hamburg fiel die Bewertung zurückhaltend aus.»Es muss konstatiert werden, dass die Integration im Schulversuch nicht zur Reduzierung des sonderpädagogischen Förderbedarfs nach Ende der Grundschulzeit geführt hat« (ebd.). Die Diskussion wurde zunehmend ideologisch geführt, Befürworter der Integration verwiesen auf den praktischen Nutzen der Schulversuche, Kritiker hielten mithilfe empirischer Erhebungen dagegen.

Einen Rückschlag mussten Integrationsbefürworter im Herbst 1997 hinnehmen. In Niedersachen klagten die Eltern eines körperlich mehrfach behinderten Mädchens, das gegen den Elternwunsch aus einer Gesamtschule auf eine Sonderschule umgeschult wurde. Das Bundesverfassungsgericht bestätigte die Umschulung, diese stelle nicht schon per se eine Benachteiligung dar. Ein Recht auf integrative Beschulung bestand laut Urteil nur dann, wenn die Regelschule über entsprechendes Material und Personal verfügt und der Unterricht nicht beeinträchtigt wird (Bundesverfassungsgericht 1997). Damit blieb die Beschulung behinderter Kinder und Jugendlicher im Sonderschulwesen, von höchster rechtlicher Instanz abgesichert, der Regelfall.

Zwischen 1996 und 2000 veröffentlichte die KMK verschiedene *Empfehlungen zu den einzelnen Förderschwerpunkten*. Exemplarisch dafür stehen die *Empfehlungen der KMK zum Förderschwerpunkt Lernen* (1999), in denen der Begriff der Lernbehinderung durch die Bezeichnung ›Förderschwerpunkt Lernen‹ ersetzt wurde.

Grund war ein Wandel in der Sichtweise von Behinderung. Die Defizitorientierung sollte zugunsten einer *Ressourcenorientierung* überwunden werden, bei der die individuelle Förderung der Kinder und Jugendlichen im Mittelpunkt steht. Ziel war es, die Schüler bestmöglich auf ein selbstständiges Leben vorzubereiten, explizit erwähnt wurden die Bereiche Arbeit und Berufsleben, Familie, Freizeit und gesellschaftliche Teilhabe.

In Anlehnung an die KMK-Empfehlungen von 1994 wurde auf den *sonderpädagogischen Förderbedarf* Bezug genommen. Im Förderschwerpunkt Lernen liegt dieser vor, wenn Schüler »in ihrer Lern- und Leistungsentwicklung so erheblichen Beeinträchtigungen unterliegen, dass sie auch mit zusätzlichen Lernhilfen der allgemeinen Schulen nicht ihren Möglichkeiten entsprechend gefördert werden können« (KMK 1999, 302). Die Förderung persönlicher Stärken auf Basis einer individuellen *Förderplanarbeit* sollte zur Kompensation von Beeinträchtigungen im Bereich des Denkens, des Gedächtnisses oder der Wahrnehmung beitragen. Ausgangspunkt für den Unterricht an Schulen mit dem Förderschwerpunkt Lernen waren die Lerninhalte der allgemeinen Schulen. Diese wurden hinsichtlich der Lernvoraussetzungen und des sonderpädagogischen Förderbedarfs modifiziert und zieldifferent angepasst.

Als möglichen Lernort legte die KMK keineswegs nur die Förderschule fest, die Pluralisierung der Förderorte ermöglichte auch die Unterrichtung an allgemeinen Schulen. Voraussetzung war eine entsprechende personelle, räumliche und sachliche Ausstattung. Es sollte der Lernort gewählt werden, »der auf bestmögliche Weise dem Förderbedarf des Kindes und Jugendlichen sowie seiner Sozial- und Persönlichkeitsentwicklung gerecht wird« (ebd., 305).

Die Pluralisierung der Förderorte führte zu einem Umbau des Förderschulwesens hin zu einem *pluralistischen sonderpädagogischen Fördersystem*. Es entwickelte sich eine Vielfalt an Organisationsformen. Neben der klassischen Beschulung an Förderschulen gab es Integrationsklassen an Regelschulen und spezielle Förderklassen. Ergänzend bildeten sich sonderpädagogische Förderzentren, oft mit der Trias aus den Förderschwerpunkten Lernen, emotionale und soziale Entwicklung und Sprache. An die Förderzentren waren ambulante sonderpädagogische Dienste angegliedert, die die allmeinen Schulen in der Organisation und Durchführung sonderpädagogischer Förderung unterstützten (z. B. in

Bayern der Mobile Sonderpädagogische Dienst – MSD und die Mobile sonderpädagogische Hilfe – MsH im vorschulischen Bereich). Angesprochen waren nicht nur Förderschulen: »Die Aufgabe der allgemeinen Schule schließt ein, Schülerinnen und Schüler mit Beeinträchtigungen beim Lernen zu fördern« (ebd., 309).

Die KMK wandte sich gegen die Praxis der ausschließlich gesonderten Beschulung und richtete einen Appell an die Regelschulen, sich dieser Aufgabe mit Hilfe der sonderpädagogischen Unterstützungssysteme zu stellen. Besonders betont wurden präventive Maßnahmen, um die Entstehung von Lernbeeinträchtigungen zu verhindern, vor allem soziokulturell bedingte Benachteiligung fand Erwähnung.

Die Empfehlungen von 1999 müssen sich die *Kritik* gefallen lassen, in einigen Formulierungen zu ungenau zu sein. Es findet sich keine exakte Festlegung, wie die personellen, räumlichen und sachlichen Voraussetzungen beschaffen sein müssen, damit ein Kind mit sonderpädagogischem Förderbedarf im Förderschwerpunkt Lernen an einer allgemeinen Schule unterrichtet werden kann. Für Regelschulen bot sich die Möglichkeit, sich ihrer Verantwortung mit Verweis auf mangelnde Ausstattung zu entziehen. So kam es nur selten zu einer wirklichen Auseinandersetzung mit der Frage, wie integrative Beschulung funktionieren kann.

Als Lernort sollte die Schule gewählt werden, die für die Persönlichkeits- und Sozialentwicklung eines Schülers am besten geeignet war. Allerdings fehlten auch hier Konkretisierungen.

Die Förderschule wurde mit der Begründung, einen diskriminierungsfreien Schonraum für beeinträchtigte Kinder und Jugendliche darzustellen, legitimiert. Das Schonraumargument ist empirisch noch immer umstritten (u. a. Schumann 2007), führte aber dennoch vermehrt zur Wahl der Förderschule als Beschulungsort von Schülern mit sonderpädagogischem Förderbedarf. Viele Förderschullehrer, die durch das sonderpädagogische Gutachten direkte Förderortempfehlungen abgaben, waren von der pädagogischen Qualität des Schonraums Sonderschule überzeugt.

> **Zusammenfassung Kapitel 2.5**
> Übersicht der wichtigsten Entwicklungslinien und Meilensteine:
>
> * Salamanca-Erklärung der UNESCO (1994)
> * Erweiterung des deutschen Grundgesetzes (1994)
> * verschiedene integrative Schulversuche, u. a. in Hamburg und Hessen
> * KMK-Empfehlungen zum Förderschwerpunkt Lernen (1999) als exemplarisches Beispiel für die Empfehlungen zu den einzelnen Förderschwerpunkten

2.6 Die Behindertenrechtskonvention der Vereinten Nationen (2006/2009)

Am 13. Dezember 2006 veröffentlichte die Generalversammlung der Vereinten Nationen unter dem Titel *Übereinkommen über die Rechte von Menschen mit Behinderungen* die Behindertenrechtskonvention (UN-BRK).

Die BRD ratifizierte diese Ende 2008, im März 2009 trat sie in Kraft. Durch die Ratifizierung verpflichtete sich die Bundesregierung, »alle geeigneten Gesetzgebungs-, Verwaltungs- und sonstige Maßnahmen zur Umsetzung [...] zu treffen« (Vereinte Nationen 2006, 5).

Die Kernaussage der Konvention ist deutlich formuliert: Menschen mit Behinderung soll ein selbstbestimmtes und barrierefreies Leben ermöglicht werden. Behinderte Menschen werden nicht mehr als fürsorgebedürftige Objekte, sondern als selbstbestimmte Individuen gesehen, die ihr Dasein, wo nötig mit Unterstützung, selbstständig gestalten.

Als behindert gelten Menschen mit Beeinträchtigungen auf geistiger, körperlicher, seelischer oder Sinnesebene. Entscheidend ist, dass diese Beeinträchtigungen sie »in Wechselwirkung mit verschiedenen Barrieren an der vollen, wirksamen und gleichberechtigten Teilhabe an der Gesellschaft hindern können« (ebd., 3). Der Blickwinkel wird auf *gesellschaftliche Hindernisse* gelenkt, die Menschen in ihrer Partizipation einschränken. Der Mensch ist nicht per se aufgrund vorhandener individueller Einschränkungen beeinträchtigt. Behindert wird er erst, wenn es im Umgang der Gesellschaft mit diesen Einschränkungen zu Problemen kommt. Betont werden vor allem *soziale Aspekte* wie Vorurteile oder Stigmatisierungen. Um diese Barrieren abzubauen, werden die Rechte der Menschen mit Behinderung explizit formuliert.

> **Grundrechte für Menschen mit Behinderung**
>
> - Achtung der individuellen Autonomie, einschließlich der Freiheit, eigene Entscheidungen zu treffen
> - Nichtdiskriminierung
> - volle Teilhabe an der und Einbeziehung in die Gesellschaft
> - Achtung vor der Unterschiedlichkeit von Menschen mit Behinderung und Akzeptanz dieser Menschen
> - Chancengleichheit bzw. Chancengerechtigkeit
> - Zugänglichkeit und Mobilität

Die Grundsätze von Nichtdiskriminierung, gesellschaftlichem Einbezug und Chancengerechtigkeit behinderter Menschen können nur in Zusammenhang mit entsprechender Bewusstseinsbildung verwirklicht werden. Die Unterzeichnerstaaten werden zu sofortigen Maßnahmen zur Bekämpfung von Vorurteilen und Diskriminierung aufgerufen. Das Bewusstsein über die Fähigkeiten von Menschen mit Behinderung soll geschärft und ihr Beitrag für die Gesellschaft herausgestellt werden. Schlüssel zur Umsetzung der

Konvention ist die Integration behinderter Menschen, damit soziale Barrieren überwunden sowie Teilhabe und ein selbstbestimmtes Leben ermöglicht werden können.

Zentrale Bedeutung kommt dem Bildungs- und Schulsystem zu. In *Artikel 24* wird ein chancengerechtes integratives Bildungssystem auf allen Ebenen skizziert. Menschen mit Behinderungen sollen ihre Persönlichkeit, ihre Fähigkeiten und Begabungen voll entfalten können.

Ein Ausschluss vom allgemeinen Schulsystem oder von weiterführenden Schulen aufgrund von Behinderung ist nicht zulässig. Die Vertragsstaaten sind verpflichtet, sicherzustellen, dass

> »Menschen mit Behinderungen nicht aufgrund von Behinderung vom allgemeinen Bildungssystem ausgeschlossen werden und dass Kinder mit Behinderungen nicht aufgrund von Behinderung vom unentgeltlichen und obligatorischen Grundschulunterricht oder vom Besuch weiterführender Schulen ausgeschlossen werden« (ebd., 15).

Es sind angemessene Maßnahmen für die Bedürfnisse des Einzelnen zu treffen, damit eine gleichberechtigte Teilhabe an Bildung sichergestellt werden kann. Bildung ist nicht auf den schulischen Primar- und Sekundarbereich beschränkt, die Ausführungen gelten ebenso für Hochschule und Universität, Ausbildung und Beruf sowie die Erwachsenenbildung.

Das *Förderschulwesen* wird in der Konvention nicht erwähnt. Ebenso wenig findet sich die Forderung, alle Förderschulen zu schließen, eine derartige Beschulung wird nicht per se als Benachteiligung betrachtet. Artikel 5, Absatz 4 führt aus: »Besondere Maßnahmen, die zur Beschleunigung oder Herbeiführung der tatsächlichen Gleichberechtigung von Menschen mit Behinderung erforderlich sind, gelten nicht als Diskriminierung im Sinne dieses Übereinkommens« (ebd., 6).

Gelingt die Vorbereitung auf eine selbstständige Lebensführung an einem sonderpädagogischen Förderzentrum besser als in einer allgemeinen Schule, ist die Förderschule als Lernort legitim. Das gilt solange, bis die Regelschulen die erforderlichen Voraussetzungen auf organisatorischer, personeller und didaktisch-methodischer Ebene geschaffen haben, damit ein Schüler mit sonderpädagogischem Förderbedarf dort bedürfnisgerecht beschult werden kann.

Im November 2010 nahm die KMK zur UN-BRK Stellung und betonte, das weder verbindliche Bestimmungen über die Gestaltung des gemeinsamen Unterrichts noch über den Aufbau und die Organisation schulischer Bildungslandschaften enthalten seien. Das grundlegende Anliegen der Konvention, nämlich der Zugang von Kindern und Jugendlichen mit Behinderungen zum Bildungssystem, sei in Deutschland bereits verwirklicht, da »alle Schulgesetze der Länder [...] das gemeinsame Lernen von behinderten und nichtbehinderten Schülerinnen und Schülern vor[sehen]« (KMK 2010, 4).

Zusammenfassung Kapitel 2.6
Übersicht der wichtigsten Inhalte der UN-BRK:

- Kernaussage: Menschen mit Behinderung ein selbstbestimmtes und barrierefreies Leben ermöglichen
- Formulierung und Betonung von Grundrechten für Menschen mit Behinderung, z. B. Achtung der individuellen Autonomie
- Im Blickpunkt stehen vor allem soziale und gesellschaftliche Barrieren als Hindernisse für Teilhabe/Partizipation und deren Überwindung.
- Das Bildungs- und Schulsystem wird in Artikel 24 aufgegriffen: Forderung nach einem inklusiven Schulsystem.
- Das Förderschulwesen wird in der UN-BRK nicht erwähnt.

2.7 Die KMK-Empfehlungen zur inklusiven Bildung 2011

Die KMK orientierte ihre *Empfehlungen zur inklusiven Bildung von Kindern und Jugendlichen mit Behinderung in Schulen* (2011) an den Leitbegriffen der Aktivität und Teilhabe. In Analogie zur UN-BRK wird eine Einschränkung der gesellschaftlichen Teilhabe für behinderte Menschen konstatiert.

Inklusive Beschulung soll dies ändern, sie strebt »einen gleichberechtigten Zugang zu Bildung für alle und das Erkennen sowie Überwinden von Barrieren« an (KMK 2011, 3). Barrieren sind unter anderem auf der systemischen, schulorganisatorischen und didaktisch-methodischen Ebene vorhanden. Sie zu überwinden, erfordert die inklusive Ausrichtung des gesamten Schulsystems. Dazu gehören unter anderem das Bereitstellen barrierefreier Lernorte und spezifisch angepasster Medien und Materialien oder ein Angebot an sonstigen Hilfen und individuellen Lernlaufbahnen.

Deutlich betonte die KMK, dass die *individuellen Lernansprüche* der Schüler an jedem Lernort durch enge Zusammenarbeit aller Beteiligten bestmöglich erfüllt werden müssen. Dies beinhaltet, die persönlichen Lern- und Entwicklungsvoraussetzungen eines Kindes sowie dessen schulische Lern- und Leistungssituation verstärkt zu beachten.

Treten Beeinträchtigungen bzw. Barrieren auf, sprechen die Empfehlungen von »Kinder[n] und Jugendliche[n] mit Bedarf an sonderpädagogischen Bildungs-, Beratungs- sowie Unterstützungsangeboten« (ebd., 6). Nicht mehr der Begriff des sonderpädagogischen Förderbedarfs (KMK 1994) steht im Fokus, das Aufgabenfeld wird erweitert. Förderung als bisheriges sonderpädagogisches Alleinstellungsmerkmal findet keine gesonderte Erwähnung mehr.

Es ist eine Schwerpunktverschiebung feststellbar: 1994 waren der sonderpädagogische Förderbedarf und die Feststellung des Förderortes zentrale Bestandteile, 2011 übernehmen *Barrierefreiheit* und *Chancengleichheit* diese Position. Die Frage nach der

Feststellung des Bedarfs an sonderpädagogischen Angeboten löst die KMK nach dem föderalistischen Prinzip, nähere Bestimmungen sind von den einzelnen Bundesländern zu treffen.

Diese Festsetzung ist nicht verwunderlich, aber kritikwürdig. Den Veröffentlichungen der KMK wird deutschlandweit ein hoher Stellenwert beigemessen, sie werden zwar nicht als juristisch bindend, aber dennoch als bundeslandübergreifende Richtlinien angesehen. Hier wurde die Möglichkeit verpasst, im Zuge der inklusiven Neugestaltung des Bildungssystems einen Diskurs über eine Annäherung der einzelnen Schul- und Fördersysteme der Bundesländer zugunsten einer Komplexitätsreduzierung anzustoßen.

Breiten Raum nahmen Ausführungen über Nachteilsausgleich und Leistungsbewertung in der Schule ein.

Der *Nachteilsausgleich* soll dazu beitragen, dass Schüler mit Beeinträchtigungen ihr Potenzial bestmöglich abrufen können. Dahinter steht die Idee, vorhandene Einschränkungen auszugleichen und Chancengleichheit zu ermöglichen. Sämtliche Entscheidungen über Maßnahmen zum Nachteilsausgleich sind Einzelfallentscheidungen, da jeglicher Bedarf an sonderpädagogischen Bildungs-, Beratungs- und Unterstützungsangeboten individuell unterschiedlich ausfällt.

Zur *Leistungsbewertung* und zur Dokumentation der Leistungsentwicklung eines Schülers können neben Schulnoten weitere Erhebungsformen wie Lernentwicklungsberichte oder Portfolios eingesetzt werden. Je nach Entwicklungsstand und Bildungsziel ist es möglich, die Leistungsbewertung in einzelnen Bereichen teilweise oder vollständig aufzuheben. Bei der konkreten Gestaltung der Leistungsbewertung sind realistische Zielvorstellungen über passgenaue Bildungsziele zu beachten. Jeder Schüler soll den Bildungsabschluss erreichen, der seinen Fähigkeiten und Fertigkeiten am besten entspricht.

In den *Abschlussprüfungen* kommt der Nachteilsausgleich ebenfalls zum Tragen, allerdings betont die KMK das Gleichbehandlungsgebot und versichert, dass sich Abschlussprüfungen nach einheitlichen Kriterien richten. Es soll der Eindruck vermieden werden, dass Kinder mit sonderpädagogischem Förderbedarf in Prüfungssituationen bevorzugt behandelt werden. Rauh (2012) vermutet dahinter ein größeres Problem, wenn er rhetorisch fragt: »Soll die Befürchtung beruhigt werden, dass durch eine inklusive Beschulung die Selektions- und Platzierungsfunktion der Schule behindert wird?« (Rauh 2012, 411).

Wie schon 2010 nahm die KMK mit ihren Empfehlungen 2011 Stellung zum Förderschulsystem. Förderschulen müssen nicht zwangsläufig Kompetenzzentren für Schüler mit besonderem Bedarf an Regelschulen sein, auch eigenständige Förderschulen mit fester Schülerschaft sind weiterhin denkbar. Gemeinsam ist beiden Konzepten die verstärkte Zusammenarbeit mit allgemeinen Schulen, vorstellbar ist ebenso eine Öffnung der Förderschulen für Regelschüler. Einzelheiten werden auch hier durch bundeslandspezifische Bestimmungen geregelt.

Als besondere, vom Lernort unabhängige Aufgaben der Sonderpädagogik im Rahmen des besonderen Bildungs-, Beratungs- und Unterstützungsangebotes werden unter anderem eine umfangreiche Diagnostik und Beratung mit Hilfe einer Kind-Umfeld-Analyse, Fortbildungstätigkeiten, Netzwerkbildung und Kooperation mit weiterführenden Schulen sowie Berufsorientierung und -vorbereitung definiert. Erneut wird das Arbeitsfeld der individuellen Förderung von Schülern nicht erwähnt.

Zusammenfassung Kapitel 2.7
Übersicht der wichtigsten Inhalte der KMK-Empfehlungen 2011:

- Orientierung an den Leitbegriffen Aktivität und Teilhabe
- Zielsetzung: gleichberechtigter Zugang zu Bildung für alle durch das Erkennen und Überwinden von Barrieren
- Betonung der individuellen Lernansprüche der Schüler an jedem Lernort

> - Schwerpunktverschiebung vom sonderpädagogischen Förderbedarf und der Feststellung des Förderortes (KMK 1994) hin zu Barrierefreiheit und Chancengleichheit
> - ausführliche Auseinandersetzung mit Nachteilsausgleich, Leistungsbewertung und schulischen Abschlussprüfungen

2.8 Auswirkungen auf Schulgesetze und Lehrpläne – Das Beispiel Bayern

Der zunehmende Diskurs über und die Auseinandersetzung mit integrativer bzw. inklusiver Beschulung wirkte sich spätestens gegen Ende der 1990er bzw. zu Beginn der 2000er Jahre auf die Schulgesetzgebungen der einzelnen Bundesländer und auf die Gestaltung der Lehrpläne aus. Ein exemplarisches Beispiel sind die gesetzlichen und bildungspolitischen Entwicklungen und die Veröffentlichung des Rahmenlehrplans für den Förderschwerpunkt Lernen im Bundesland Bayern.

Die Überarbeitung des BayEUG 2003

Die erste Revision des *Bayerischen Gesetzes über das Erziehungs- und Unterrichtswesen (BayEUG)*, die für die Inklusion/Integration von Bedeutung war, wurde im Jahr 2003 vorgenommen.

In Artikel 2, der die Aufgaben der Schulen bestimmt, wurde die sonderpädagogische Förderung für alle Schulen als eine im Rahmen ihrer Möglichkeiten gültige Aufgabe festgesetzt. Unterstützung erhielten die Schulen dabei von den Mobilen Sonderpädagogischen Diensten (MSD). Als Einsatzbereiche des MSD wurden in Artikel 21 die Förderdiagnostik, die Koordination und

Durchführung der Förderung von Schülern mit sonderpädagogischem Förderbedarf, die Beratung von Lehrkräften, Schülern und Erziehungsberechtigten und die Durchführung von Fortbildungen festgelegt.

Die Möglichkeit integrativer Beschulung der Schüler mit sonderpädagogischem Förderbedarf wurde in *Artikel 41* geregelt.

Eine Förderschule war zu besuchen, wenn eine aktive Teilnahme am allgemeinen Unterricht nicht möglich ist und der sonderpädagogische Förderbedarf auch mithilfe des Mobilen Sonderpädagogischen Dienstes nicht hinreichend erfüllt werden kann. Die Beschulung an einer Regelschule war dagegen denkbar, wenn ein Schüler »überwiegend in der Klassengemeinschaft unterrichtet werden, den verschiedenen Unterrichtsformen der allgemeinen Schule folgen und dabei schulische Fortschritte erzielen kann sowie gemeinschaftsfähig ist« (BayEUG 2003, Art. 41, Abs. 1).

Als entscheidende Änderung ist der Begriff der *aktiven Teilnahme* zu sehen. Er löste die Lernzielgleichheit als bisherige Voraussetzung für integrative Beschulung ab und sorgte dafür, dass Kinder mit sonderpädagogischem Förderbedarf in einer Regelschule nicht zwangsweise die gleichen Inhalte, Aufgaben und Lernziele verfolgen mussten wie Schüler ohne sonderpädagogischen Förderbedarf.

Bei genauerer Analyse erweisen sich die Formulierungen des BayEUG von 2003 als ungenau und wenig trennscharf. Es fehlen Konkretisierungen und klare Bezugsnormen, wie die folgenden diskussionswürdigen Fragen zeigen:

- Wie wird *aktive Teilhabe* definiert bzw. erfasst?
- Ab wann spricht man von einer *überwiegenden* Unterrichtung?
- Wie kann festgestellt werden, ob ein Kind einer Unterrichtsform *angemessen* folgen kann?
- Wie *stark* müssen die schulischen Fortschritte eines Schülers mit sonderpädagogischem Förderbedarf ausfallen? Werden diese mit Blick auf *inter- oder intraindividuelle Normen* bewertet?

* Was heißt *gemeinschaftsfähig* und gegenüber wem muss ein Schüler mit sonderpädagogischem Förderbedarf gemeinschaftsfähig sein?

Die Revision des BayEUG 2011

Im Jahr 2011 wurde das BayEUG auch vor dem Hintergrund der 2009 ratifizierten UN-BRK erneut überarbeitet.

Zum ersten Mal wurde der *inklusive Unterricht* in Artikel 2, Absatz 2 als Aufgabe aller Schularten in den Gesetzestext aufgenommen, der Verweis auf sonderpädagogische Förderung (BayEUG 2003) entfiel. Dies konnte nicht nur als Zustimmung zu Integration bzw. Inklusion gesehen werden, sondern brachte auch das Bestreben zum Ausdruck, Artikel 24 der UN-BRK über ein integratives Schulsystem umzusetzen.

Deutlich erweitert wurden die Bestimmungen über schulische Veranstaltungen in Artikel 30, der zweigeteilt wurde.

Artikel 30a regelt die Zusammenarbeit von Schulen und betont ausdrücklich die Möglichkeit des *gemeinsamen Lernens*:

> »(3) Schülerinnen und Schüler mit und ohne sonderpädagogischem Förderbedarf können gemeinsam in Schulen aller Schularten unterrichtet werden. Die allgemeinen Schulen werden bei ihrer Aufgabe, Schülerinnen und Schüler mit sonderpädagogischem Förderbedarf zu unterrichten, von den Förderschulen unterstützt.
> (5) Ein sonderpädagogischer Förderbedarf begründet nicht die Zugehörigkeit zu einer bestimmten Schulart« (BayEUG 2011, Art. 30a, Abs. 3 und 5)

Als konkrete Formen kooperativen Lernens werden in Absatz 7 Kooperationsklassen, Partnerklassen und offene Klassen der Förderschule definiert (siehe unten).

Artikel 30b formuliert das Bestreben eines inklusiven Bildungssystems noch deutlicher, »die inklusive Schule ist ein Ziel der Schulentwicklung aller Schularten« (BayEUG 2011, Art. 30b, Abs. 1). Schulen mit dem *Schulprofil Inklusion* verfügen dabei laut Gesetz über ein Bildungskonzept, das die Förderung aller Schüler umsetzt. Besonderes Augenmerk liegt auf den Bedürfnissen der Kinder und Jugendlichen mit sonderpädagogischem Förderbedarf (Art. 30b, Abs. 3).

Förderschullehrkräfte werden zu diesem Zweck fest in die Kollegien einer Schule mit dem Schulprofil Inklusion eingebunden, ihre Aufgaben entsprechen zu weiten Teilen denen des MSD (Art. 30b, Abs. 4). In Absatz 5 sieht das Gesetz die Möglichkeit vor, in Klassen mit sehr hohem sonderpädagogischen Förderbedarf dauerhafte Lehrertandems aus einer Regel- und einer Förderschullehrkraft zu installieren. Damit wurde erstmals ausdrücklich eine Form des Zwei-Pädagogen-Systems im BayEUG verankert.

Die Bestimmungen zur aktiven Teilnahme (Art. 41 BayEUG 2003) wurden revidiert. Formuliert wird die *Wahlmöglichkeit* zwischen allgemeiner Schule und Förderschule (Abs. 1), wobei vor allem das Elternwahlrecht gestärkt wird: »Die Erziehungsberechtigten entscheiden, an welchem der im Einzelfall rechtlich und tatsächlich zur Verfügung stehenden schulischen Lernorte ihr Kind unterrichtet werden soll« (BayEUG 2011, Art. 41, Abs. 1). Absatz 5 allerdings legt fest, dass ein Schüler eine Förderschule zu besuchen hat, wenn eine inklusive Beschulung dessen eigene Entwicklung gefährdet oder die Rechte und das Wohl der anderen Schüler erheblich beeinträchtigt.

Die Änderungen des BayEUG (v. a. Art. 30 und 41) sind an einigen Stellen diskussionswürdig.

Zwar wird inklusiver Unterricht als Aufgabe aller Schularten definiert, das Recht auf inklusive Bildung allerdings nicht weiter erwähnt. Dabei wäre eine feste Verankerung im Rahmen einer konsequenten Umsetzung der UN-BRK durchaus zu überlegen gewesen. So ist gemeinsamer Unterricht und inklusive Bildung kein unumstößliches Menschenrecht, sondern immer vom *Wohlwollen* der Schulämter und der Einzelschulen abhängig. Auch deshalb, da der *Ressourcenvorbehalt* einer Schule nicht explizit als Grund ausgeschlossen wurde, einen Schüler mit sonderpädagogischem Förderbedarf abzulehnen.

Die Ausführungen in Artikel 30a, Absatz 3, 4 und 5 (Satz 1) über kooperatives Lernen und die Möglichkeit inklusiver Beschulung werden in Absatz 5 (Satz 2) sehr *stark eingeschränkt*: »Schulartspezifische Regelungen für die Aufnahme, das Vorrücken, den Schulwechsel und die Durchführung von Prüfungen an weiterführenden Schulen bleiben unberührt« (BayEUG 2011, Art. 30a, Abs. 5, Satz 2). Besonders für höhere weiterführende Schulen (Realschule und Gymnasium) bedeutet dies, dass ein Schüler mit sonderpädagogischem Förderbedarf zwar ab der fünften Jahrgangsstufe dort beschult werden kann. Dies ist aber nur der Fall, wenn er den erforderlichen Notendurchschnitt erreicht und eine Empfehlung für die entsprechende Schulart ausgesprochen bekommt. Dies dürfte nur bei einem kleinen Teil dieser Schülerschaft der Fall sein, z. B. bei Schülern mit rein körperlichen Einschränkungen.

Aktuelle Zahlen bestätigen dies: Im Schuljahr 2013/14 wurden in ganz Bayern nur zwei Schüler aus einem Förderzentrum in die fünften Klassen eines Gymnasiums aufgenommen (Bayerisches Landesamt für Statistik 2014a, 30), in den Realschulen waren es immerhin 25 Schüler (Bayerisches Landesamt für Statistik 2014b, 21). Zum Vergleich: Die Mittelschulen verzeichneten 1.200 Schülerzugänge aus den Förderzentren in die fünften Jahrgangsstufen (Bayerisches Landesamt für Statistik 2014c, 22).

Die Bestimmungen in Artikel 41, Absatz 5 legen fest, dass ein Schüler mit sonderpädagogischem Förderbedarf ein sonderpädagogisches Förderzentrum besuchen muss, wenn er seine eigene Entwicklung oder das Wohl der anderen Schüler *gefährdet*. Diese Vorgehensweise ist aus pädagogischen Gründen vertretbar. Zu kritisieren ist allerdings, dass sich nicht das System Schule anpassen muss, indem z. B. eine zusätzliche pädagogische Kraft auf die besonderen Bedürfnisse des Schülers eingeht. Das Kind muss sich dem System Schule beugen und wird durch die separate Beschulung in der Förderschule (ein Subsystem des Schulsystems) ausgegliedert.

Insgesamt wurde die Revision des BayEUG heftig kritisiert, es sei »kein Inklusions- sondern ein Schulstruktursicherungsgesetz« (Wocken 2014, 21).

Die Empfehlungen des Bayerischen Staatsministeriums für Unterricht und Kultus 2011

Die KMK hatte die konkrete Ausgestaltung der Inklusion im Schulsystem in ihren Empfehlungen (▶ Kap. 2.7) den einzelnen Bundesländern übertragen. Die Empfehlungen des Bayerischen Staatsministeriums für Unterricht und Kultus (2011) griffen diese Aufgabe unter dem Titel *Inklusion durch eine Vielfalt schulischer Angebote* auf.

Es wurden fünf Formen kooperativen Lernens festgelegt: Kooperationsklassen, Partnerklassen, Offene Klassen der Förderschule, Einzelinklusion und Schulen mit dem Schulprofil Inklusion. Zusätzlich erfolgt der Einsatz des MSD.

Kooperationsklassen (▶ Abb. 2) werden an Grund-, Mittel- und Berufsschulen angeboten. Sie zeichnen sich durch durchgängig gemeinsamen Unterricht von Schülern mit und ohne sonderpädagogischem Förderbedarf in allen Fächern aus. Unterstützung erhält die Regelschullehrkraft dabei vom Mobilen Sonderpädagogischen Dienst, damit Schüler mit sonderpädagogischem Förderbedarf individuell gefördert werden können. Die Unterrichtsgestaltung erfolgt lernzieldifferent, die Inhalte werden an die Fähigkeiten und Bedürfnisse der Schüler angepasst. Zielgruppe sind vor allem Schüler aus den Förderschwerpunkten Lernen, emotionale und soziale Entwicklung und Sprache. Im Schuljahr 2011/12 gab es in Bayern insgesamt 697 Kooperationsklassen mit etwas mehr als 14.000 Schülern, von denen knapp 21 % eine Förderung durch den MSD erhielten. Im Vergleich zum Schuljahr 2010/11 entspricht das einer Steigerung an Kooperationsklassen von ca. 16 % (Bayerischer Landtag 2012, 2).

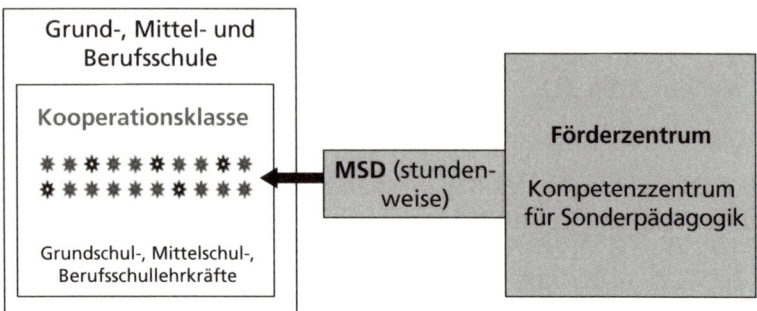

Abb. 2: Kooperationsklassen (selbst erstellt nach Bayerisches Staatsministerium für Unterricht 2011a)

Partnerklassen (▶ Abb. 3), früher als Außenklassen bezeichnet, stellen durch stundenweisen gemeinsamen Unterricht von Kindern mit und ohne Beeinträchtigungen die Möglichkeit gegenseitiger Teilhabe her. »Partnerklassen der Förderschule oder der allgemeinen Schule kooperieren eng mit einer Klasse der jeweils anderen Schulart« (Bayerisches Staatsministerium für Unterricht 2011a, 4). Ziel ist die Minderung von Vorurteilen und Kontaktscheue durch Entwicklung gegenseitigen Respekts und gegenseitiger Anerkennung. Der gemeinsame Unterricht versucht eine Balance zwischen möglichst vielen gemeinsamen Aktivitäten herzustellen, ohne dabei die nötige individuelle Förderung zu vernachlässigen. Im Regelschulbereich können grundlegend alle allgemeinen Schulen Partnerklassen werden, im Förderschulsystem werden diese überwiegend im Förderschwerpunkt geistige Entwicklung gebildet. Auch im Bereich der Partnerklassen ist für das Schuljahr 2011/12 ein Anstieg zu vermelden. Insgesamt wurden ca. 1.500 Schüler in 162 Partnerklassen der Förderschule mit einer allgemeinen Schule unterrichtet, 2010/11 waren es noch 136 Klassen mit ca. 1.200 Schülern (Bayerischer Landtag 2012, 2).

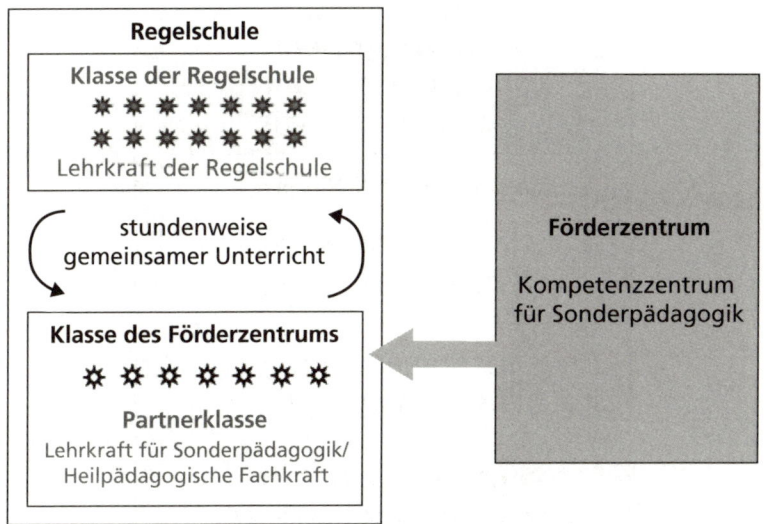

Abb. 3: Partnerklassen (selbst erstellt nach Bayerisches Staatsministerium für Unterricht 2011a)

Offene Klassen der Förderschulen (▶ Abb. 4) verwirklichen die Idee der Inklusion in gegenläufiger Richtung. Schüler ohne sonderpädagogischen Förderbedarf werden in Förderschulen auf Basis der Lehrpläne der allgemeinen Schule unterrichtet. Dabei können bis zu 20 % der Gesamtklasse aus Regelschülern bestehen. Voraussetzung ist, dass die offenen Klassen keinen Mehraufwand an Lehrkräften oder schulischer Ausstattung verursachen. Im Schuljahr 2011/12 gab es in den sieben Regierungsbezirken in Bayern insgesamt 62 offene Klassen der Förderschulen. Dort wurden 715 Schüler, von denen 337 keinen sonderpädagogischen Förderbedarf aufwiesen, beschult (Bayerischer Landtag 2012, 12).

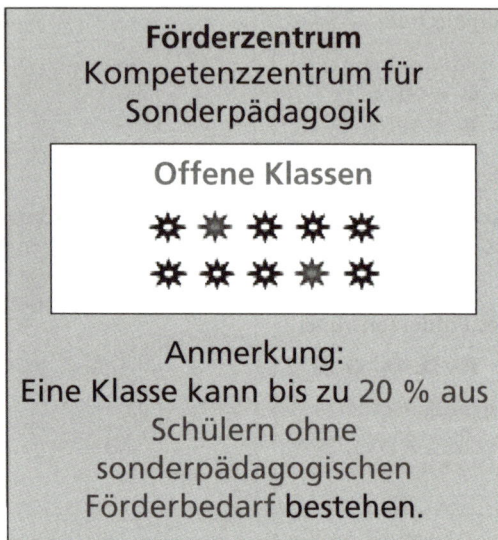

Abb. 4: Offene Klassen der Förderschulen (selbst erstellt nach Bayerisches Staatsministerium für Unterricht 2011a)

Die *Einzelinklusion* (▶ Abb. 5) verfolgt zwei Ziele. Zum einen werden Schüler »mit sonderpädagogischem Förderbedarf, die die allgemeine Schule, insbesondere die Sprengelschule, besuchen [...], unter Beachtung ihres individuellen Förderbedarfs unterrichtet« (Bayerisches Staatsministerium für Unterricht 2011a, 6) Dabei wird die allgemeine Schule durch den MSD sowie weitere Kooperationssysteme (z. B. Schulsozialarbeit) unterstützt. Zum anderen soll die Integration einzelner Schüler dazu beitragen, die Regelschule für Inklusion zu sensibilisieren. Insgesamt 16.141 Schüler wurden im Schuljahr 2011/12 in Bayern durch Einzelintegration an allgemeinen Schulen unterrichtet, ein Anstieg von ca. 10 % gegenüber 2010/11 (Bayerischer Landtag 2012, 3).

Auswirkungen auf Schulgesetze und Lehrpläne – Das Beispiel Bayern

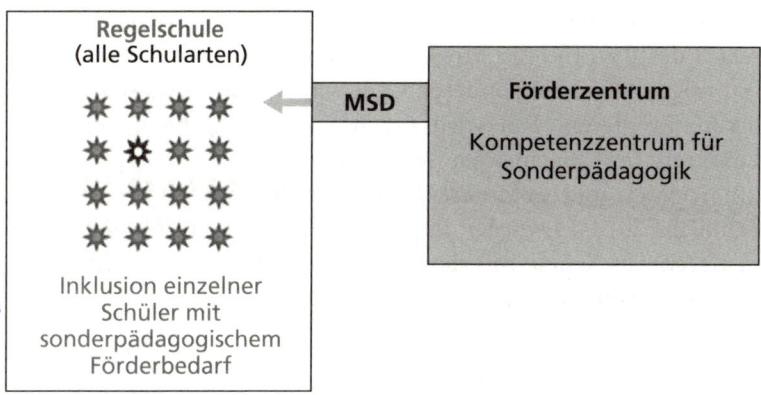

Abb. 5: Einzelinklusion (erstellt nach Bayerisches Staatsministerium für Unterricht 2011a)

Schulen mit dem Schulprofil Inklusion (▶ Abb. 6) zeichnen sich durch ein Bildungs- und Erziehungskonzept aus, das gemeinsame Unterrichtung und Förderung aller Schüler unabhängig von ihrem Förderbedarf vorsieht. Ziel ist es, Schule auf die Vielfalt der Schüler auszurichten. Kindern mit sonderpädagogischem Förderbedarf gilt dabei besondere Aufmerksamkeit, ohne die Bedürfnisse der anderen Schüler zu vernachlässigen.»Die Lehrkräfte für Sonderpädagogik beraten die Lehrkräfte, die Schülerinnen und Schüler, sowie die Erziehungsberechtigten und diagnostizieren den sonderpädagogischen Förderbedarf (Förderdiagnostischer Bericht)« (Bayerisches Staatsministerium für Unterricht 2011a, 6). Der Bericht dient als Basis der schulischen Förderung und der Erstellung eines Förderplans. Eine Besonderheit des Schulprofils Inklusion besteht darin, dass Sonderpädagogen nicht mehr im Rahmen des MSD stundenweise an die Schule kommen, sondern fest abgeordnete Lehrkräfte innerhalb des Kollegiums der Regelschule sind. Dadurch kann ihre Expertise besser in den Schulalltag eingebunden werden. Das sonderpädagogische Förderzentrum sowie andere allgemeine Schulen können als Kooperationspartner dienen, um beispielsweise von den materiellen Ressourcen zu profitieren.

87

Schulen mit dem Profil Inklusion haben durch Artikel 30b, Absatz 5 des BayEUG die Möglichkeit, feste Lehrertandems in Klassen mit sehr hohem sonderpädagogischen Förderbedarf zu installieren. In diesem Fall wird die Klasse durchgehend von einer Lehrkraft der allgemeinen Schule und einem Sonderpädagogen unterrichtet und gefördert (Zwei-Pädagogen-System). Bis zum Schuljahr 2013/14 wurden insgesamt 127 Schulen aller Schularten in Bayern als Schule mit dem Profil Inklusion ausgezeichnet (Bayerisches Staatsministerium für Bildung 2013, o. S.).

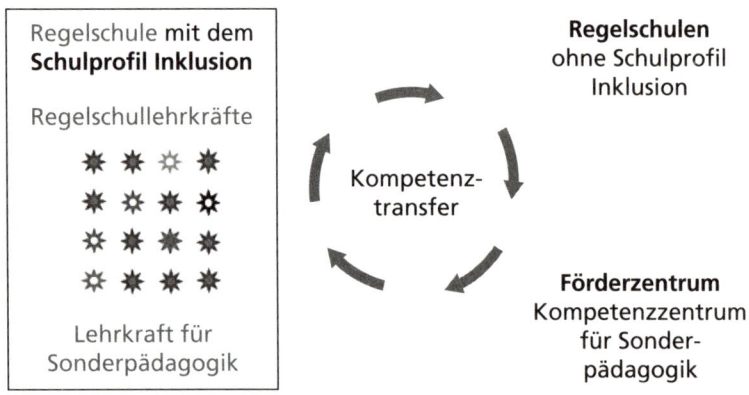

Abb. 6: Schulen mit dem Schulprofil Inklusion (erstellt nach Bayerisches Staatsministerium für Unterricht 2011a)

Der *Mobile Sonderpädagogische Dienst (MSD)* gilt als schulartübergreifende Instanz zur Unterstützung der Inklusion. Lehrkräfte aller sonderpädagogischen Förderschwerpunkte können im MSD arbeiten, dazu kommt ein spezieller Dienst für autistische Kinder und Jugendliche. Die Hauptaufgabe der MSD-Kräfte liegt darin, Schülern mit sonderpädagogischem Förderbedarf durch verschiedene Maßnahmen den Besuch einer allgemeinen Schule zu ermöglichen. Um dieser Herausforderung gerecht werden zu können, bestimmt das BayEUG in Artikel 21, Absatz 2 fünf Arbeitsbereiche des

MSD: Diagnostik, Förderung, Beratung, Koordination und Fortbildung (► Abb. 7).

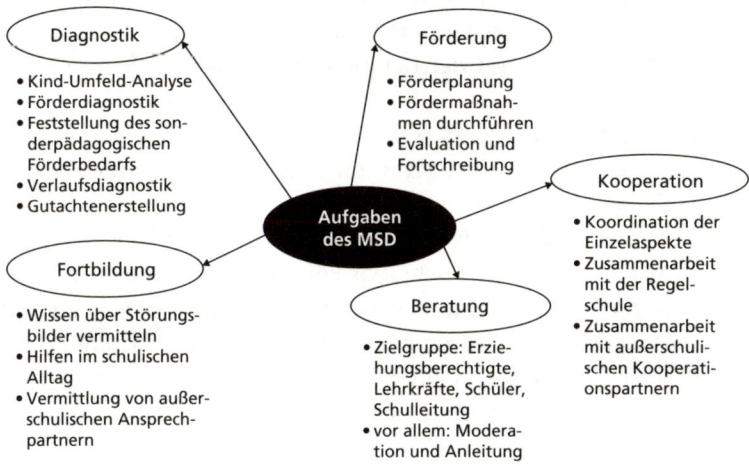

Abb. 7: Aufgabenbereiche des MSD

In den letzten Jahren wurde der MSD von Regelschulen immer stärker in Anspruch genommen. Wurden im Schuljahr 2004/05 knapp unter 8.000 Schüler durch den MSD an allgemeinen Schulen gefördert, waren es im Schuljahr 2011/12 mit mehr als 16.000 Kindern und Jugendlichen doppelt so viele. Dabei entfielen 59 % auf Schüler aus dem Förderschwerpunkt Lernen, gefolgt von 18 % des Förderschwerpunktes emotionale und soziale Entwicklung sowie 11 % des Förderschwerpunktes Sprache (Goschler 2014, 106 ff.). Erstmals überstieg die Anzahl der unterstützten Schüler die der vorhandenen MSD-Stunden. Damit stand für einen Schüler mit sonderpädagogischem Förderbedarf weniger als eine Stunde pro Woche zur Unterstützung durch den MSD zur Verfügung.

Der bayerische Rahmenlehrplan für den Förderschwerpunkt Lernen 2011/12

Die Implementierungsphase des bayerischen Rahmenlehrplans für den Förderschwerpunkt Lernen begann im Schuljahr 2011/12. Ab dem 1. August 2015 trat der Rahmenlehrplan verbindlich in Kraft und löst den Lehrplan zur individuellen Lernförderung ab.

Aufbau und Inhalte des Rahmenlehrplans können als direkte Folge der dargestellten inklusiven Entwicklungen auf bildungspolitischer Ebene interpretiert werden.

Die *Schwerpunktverschiebung* wird deutlich, da der Lehrplan nicht mehr direkt an den Schultyp Förderschule/sonderpädagogisches Förderzentrum gebunden ist, sondern für alle Schüler mit sonderpädagogischem Förderbedarf im Förderschwerpunkt Lernen an allen Förderorten Gültigkeit besitzt. Ebenso enthalten sind Hinweise für die Arbeit mit Schülern, bei denen kein expliziter sonderpädagogischer Förderbedarf diagnostiziert wurde.

Schon in der Präambel wird ausdrücklich auf schulische Inklusion Bezug genommen: »Durch die synchrone Verwendung des Rahmenlehrplans mit dem Lehrplan für die Grundschule und dem Lehrplan für die Hauptschule sind die Übergänge zwischen den Förderorten und Schularten fließend gestaltbar« (Bayerisches Staatsministerium für Unterricht 2011b, 11). Gerade in inklusiven Settings dient der Rahmenlehrplan als wichtige Ergänzung zu den Lehrplänen der Regelschule.

Der Lehrplan hält *keine konkreten Lerninhalte* mehr bereit, sondern stellt den einzelnen Schüler mit sonderpädagogischem Förderbedarf in den Vordergrund. Deutlich wird dies durch eine spezifische Sicht auf den Lernprozess und die Beschreibung grundlegender Entwicklungsbereiche der Schüler.

Lernen ist nur dann erfolgreich, wenn der Lernprozess eigenaktiv gestaltet und Lernergebnisse selbst hervorgebracht werden. Lernumgebungen oder konkrete Unterrichtsgestaltung sind nach wie vor wichtig, dienen aber verstärkt der Unterstützung des eigenaktiven Lernens. Anders ausgedrückt: Schüler mit sonderpädagogischem Förderbedarf können ihr Lernen auch an anderen Förderorten als dem sonderpädagogischen Förderzentrum erfolgreich gestalten.

Die *Entwicklungsbereiche* des Lehrplans geben Orientierungshilfen, den Lernprozess bei Schülern aus dem Förderschwerpunkt Lernen individuell zu betrachten. Unterschieden werden Motorik/Wahrnehmung, Denken/Lernstrategien, Kommunikation/Sprache und Emotionen/Soziales Handeln. Für jedes Schulfach halten die Entwicklungsbereiche innerhalb der einzelnen Fachbereiche Kategorien bereit, die auf die jeweiligen Lerninhalte bezogen sind. Im Fach Deutsch im Bereich Sprechen, Lesen und Schreiben beispielsweise finden sich im Entwicklungsbereich Motorik/Wahrnehmung die Punkte Feinmotorik, visuelle Differenzierung/Raumlage, Lautanalyse/Lautsynthese und visuelles/auditives Gedächtnis.

> **Fach Deutsch, Bereich Sprechen, Lesen und Schreiben, Entwicklungsbereich Motorik/Wahrnehmung**
>
> - *Feinmotorik*: grafomotorische Kompetenzen als Grundlage für die Entwicklung von Schreibfertigkeit festigen
> - *visuelle Differenzierung/Raumlage*: visuelle Details von Buchstaben und Signalgruppen erfassen, Wörter und Wortgruppen als Ganzes erfassen
> - *Lautanalyse/Lautsynthese*: differenzierte Wahrnehmung von Lautunterschieden als Grundlage für richtiges Schreiben nutzen
> - *visuelles/auditives Gedächtnis*: Wortschatz, grammatische Fachbegriffe einprägen und Strukturen wiedererkennen

Die Entwicklungsbereiche erleichtern die Unterrichtsvorbereitung, da sie spezifische Überlegungen zu den Förderbereichen eines Kindes liefern und so ein individuelles Eingehen auf den einzelnen Schüler ermöglichen. Gerade für die Erstellung von Förderplänen können die Entwicklungsbereiche zur fach- und inhaltsbezogenen Arbeit genutzt werden.

Ergänzt werden die Entwicklungsbereiche von *diagnostischen Leitfragen und entwicklungsorientierten Fördermaßnahmen* im zweiten Teil des Lehrplans. Diese verfolgen die Zielsetzung, Lehrkräfte an unterschiedlichen Förderorten dabei zu unterstützen, das Potenzial der Schüler zu erkennen und in geeigneter Weise zu fördern. Die diagnostischen Leitfragen dienen der Überprüfung, ob ein Schüler verschiedene Facetten und Inhalte eines Themas erfasst bzw. erreicht hat. Sie sind kompetenzorientiert verfasst und operationalisieren die schulischen Lern- und Erwerbsprozesse. Zusätzlich können die Angaben als Prädikatoren verwendet werden, an welchen Stellen des Lernprozesses Schwierigkeiten auftreten können.

Die entwicklungsorientierten Fördermaßnahmen sind konkrete, auf den Lerngegenstand bezogene Hilfestellungen, die direkt im Unterricht und bei der Unterrichtsvorbereitung eingesetzt werden können und Optionen zur individuellen Förderung bereithalten (▶ Tab. 5).

Tab. 5: Beispiel der diagnostischen Leitfragen und entwicklungsorientierten Fördermaßnahmen im Rahmenlehrplan für den Förderschwerpunkt Lernen

Diagnostische Leitfragen und entwicklungsorientierte Fördermaßnahmen Fach Deutsch Bereich Sprechen, Lesen und Schreiben Unterbereich Lesefertigkeit – buchstaben- und wortgenaues Lesen	
Kann die Schülerin bzw. der Schüler ...	
... jeden Buchstaben und Buchstabenkombinationen erlesen, ohne etwas auszulassen oder hinzuzufügen? ... Endungen richtig erlesen? ... Wörter genau lesen?	• Silbenbögen als optische Markierung verwenden • Übungen zur Silbensegmentierung (z. B. Silbenlesen) • Anfangs- und Endbuchstaben farblich hervorheben • häufige Endungen durch Blitzlesen einüben • inhaltlich lesen, z. B. Wörter in Sätze

Tab. 5: Beispiel der diagnostischen Leitfragen und entwicklungsorientierten Fördermaßnahmen im Rahmenlehrplan für den Förderschwerpunkt Lernen – Fortsetzung

Diagnostische Leitfragen und entwicklungsorientierte Fördermaßnahmen Fach Deutsch Bereich Sprechen, Lesen und Schreiben Unterbereich Lesefertigkeit – buchstaben- und wortgenaues Lesen	
	einsetzen, aus Wörtern Sätze bilden, Texte aus Sätzen bilden
… einem erlesenen Wort eine Bedeutung zuordnen?	♦ mit Wort-Bild-Zuordnungen arbeiten, z. B. Lesespiele, Puzzle, Lesemalbilder

Die Verwendung der Leitfragen und Fördermaßnahmen ist auch in inklusiven Unterrichtssettings sinnvoll, da Lernprozesse auf diese Weise der Beobachtung zugänglich gemacht werden und Lehrkräfte auf Orientierungshilfen zur Unterstützung und Förderung aller Schüler zurückgreifen können.

> **Zusammenfassung Kapitel 2.8**
> Auswirkungen inklusiver Entwicklungen in Bayern:
>
> ♦ Entwicklung des BayEUG von 2003 bis 2011:
>   – sonderpädagogische Förderung als Aufgabe aller Schulen (2003) vs. inklusiver Unterricht als Aufgabe aller Schulen (2011)
>   – Regelschulbesuch bei aktiver Teilnahme, überwiegender Unterrichtung im Klassenverbund, schulischen Fortschritten, Gemeinschaftsfähigkeit und Beherrschen der Unterrichtsformen (2003) vs. Wahlmöglichkeit zwischen Förder- und Regelschule (2011)
>   – aber: Ressourcenvorbehalt und Gefährdung des Kindeswohls als Verweigerungsgründe inklusiver Beschulung (2011)

- Empfehlungen des Bayerischen Staatsministeriums 2011:
  - fünf Formen kooperativen Lernens zur Umsetzung der Inklusion: Kooperationsklassen, Partnerklassen, Offene Klassen der Förderschulen, Einzelinklusion, Schulen mit dem Schulprofil Inklusion
- Rahmenlehrplan für den Förderschwerpunkt Lernen 2011/12:
  - Schwerpunktverschiebung: Lehrplan nicht mehr an den Schultyp Förderschule/SZF gebunden
  - expliziter Bezug zur Inklusion (u. a. Präambel)
  - vier Entwicklungsbereiche und diagnostische Leitfragen mit entwicklungsorientierten Fördermaßnahmen als Orientierungshilfen für den Unterricht mit Schülern im Förderschwerpunkt Lernen.

3

Stand der Umsetzung inklusiver Beschulung in Deutschland

Das Bildungswesen der BRD ist föderalistisch organisiert. Der Beschluss zur Inklusion wurde auf Bundesebene getroffen, die konkrete Ausgestaltung der Umsetzung ist Aufgabe der einzelnen Bundesländer. Obwohl die KMK Schulsysteme und Einzelschulen in ganz Deutschland mit Hilfe von Empfehlungen zu steuern versucht, variieren Stand sowie Art und Weise der Verwirklichung deutlich. Alle 16 Bundesländer haben unterschiedliche Konzeptionen für ein inklusives Bildungswesen ausgearbeitet.

In diesem Kapitel wird der aktuelle Stand der Umsetzung in Deutschland dargestellt. Zusätzlich hilft ein Blick ins Ausland, die Entwicklungen in Deutschland einzuordnen. Abschließend folgt ein kurzes Fazit.

3.1 Der Stand der Umsetzung inklusiver Beschulung

Die Vergleichbarkeit zwischen den einzelnen Bundesländern ist aufgrund verschiedener Schulsysteme, differenten Gesetzgebungen sowie einer unterschiedlichen Anzahl an Schulen und Schülern erschwert. Zudem kann eine Bestandsaufnahme über die gegenwärtige integrative Entwicklung in den Schulsystemen in Deutschland immer nur eine Momentaufnahme sein. Manche Bundesländer sind bereits dabei, Förderschulen für die Förderschwerpunkte Lernen, Sprache und emotionale und soziale Entwicklung gänzlich aufzulösen bzw. streben diesen Schritt an. Andernorts wird ein langsameres Reformtempo eingeschlagen, d. h. Förderschulen existieren weiterhin als eigene Schulart neben inklusiven Schulen. Aus diesem und aus anderen Gründen (z. B. der soziografischen Zusammensetzung der Bevölkerung und dem unterschiedlichen Vorgehen bei der Diagnostik des sonderpädagogischen Förderbedarfs) unterscheiden sich die Angaben und Zahlen zum Umsetzungsstand der Inklusion innerhalb der einzelnen Bundesländer erheblich. Es ist also wichtig, sich bewusst zu sein, dass beispielsweise eine hohe Inklusionsquote nicht unbedingt etwas über die Qualität inklusiver Beschulung aussagt, sondern lediglich eine Deskription darstellt. Dennoch ist die Betrachtung der Inklusionsbemühungen im gesamtdeutschen Gebiet hilfreich, um die zurückliegende Entwicklung beurteilen und einordnen zu können.

Viele inklusive Konzepte befinden sich noch in der Entwicklung, gemeinsame Beschulung wird in den einzelnen Bundesländern in unterschiedlichem Ausmaß verwirklicht. Die Bandbreite reicht von gemeinsamer Beschulung in ausgewählten Fächern über die Zusammenarbeit innerhalb bestimmter Schulprojekte hin zu einem alle Schulstunden und -fächer umfassenden gemeinsamen Unterricht. Zudem befinden sich die Schulgesetze und schulorganisatorischen Strukturen der Bundesländer in einer Umbruchsphase, zahlreiche Änderungen sind erst seit dem Schuljahr

2013/14 gültig, manche Schulgesetze werden gerade überarbeitet. In Baden-Württemberg beispielsweise ist seit dem 15. September 2015 ein neues Schulgesetz in Kraft, das die Schullandschaft erheblich verändern soll. Es ist also verfrüht, inklusive Bemühungen abschließend bewerten zu wollen. Eine Bestandsaufnahme über die gegenwärtigen Entwicklungen in Deutschland kann immer nur eine Momentaufnahme sein.

Feststellbar ist jedoch eine unterschiedliche Gewichtung inklusiver Beschulung. Manche Schulgesetze erklären Inklusion zum alleinigen Leitprinzip (z. B. Bremen), andere formulieren ein Wahlrecht zwischen Förderschule und allgemeiner Schule unter dem Vorbehalt der vorhandenen Ressourcen (z. B. Berlin). Zum Teil werden sonderpädagogisches Förderzentrum und inklusive Beschulung als gleichrangig bewertet, indem Inklusion auch im Förderschulwesen umsetzbar ist (z. B. Bayern, Offene Klassen der Förderschule). Einzelintegration ist in allen Bundesländern möglich. Durch Integrationsklassen, inklusive Schulen, besondere Schulmodelle oder Kooperationsklassen findet sich sonst eine große Vielfalt im föderalistischen Bildungssystem der BRD.

Ein Vergleich der bundesweiten *Einschulungszahlen* an allen allgemeinen Schulen und Förderschulen für die Schuljahre 2002/03 (entnommen aus Malecki 2013) und 2015/16 zeigt einen kontinuierlichen Rückgang der Einschulungen in Deutschland: Waren es 2002/03 noch ca. 805.000 Schülerinnen und Schüler, zählte das Statistische Bundesamt für das Schuljahr 2015/16 nur noch ca. 708.000 Einschulungen (Statistisches Bundesamt 2015, 1).

Im Schuljahr 2015/16 wurden 3,1 % aller Schüler zur Einschulung an eine Förderschule überwiesen (ca. 22.000 Kinder), das waren prozentual ebenso viele Schüler wie im Schuljahr 2002/03, obwohl die Gesamtzahl der Einschulungen deutlich geringer ausfiel. Die wenigsten prozentualen Einschulungen im Förderschulbereich wies 2015/16 mit 0,5 % der Stadtstaat Bremen (gegenüber 1,8 % 2002/03) auf, gefolgt von Schleswig-Holstein (1,2 %) und Thüringen (1,4 %). Mit 4,1 % begannen in Bayern die meisten Schüler ihre Schullaufbahn an einer Förderschule (Rückgang um 0,2 %

seit 2002/2003), gefolgt von Baden-Württemberg und Sachsen mit jeweils 3,7 % (ebd.). Im Vergleich zu früheren Schuljahren ist somit die Anzahl an Einschulungen in Förderschulen relativ konstant geblieben, obwohl die Gesamtzahl deutlich rückläufig ist und obwohl in einigen Bundesländern eine Verringerung der Einschulungen in Förderschulen feststellbar ist.

Förderschulbesuchsquoten, auch als Exklusionsquoten bezeichnet, zeigen an, wie viele Schüler (prozentuale Angaben) in einem Schuljahr im Förderschulsystem unterrichtet werden. Im Schuljahr 2014/15 lag diese Quote bundesweit bei 4,6 % (KMK 2016, 39). Zwischen den Bundesländern ergeben sich erhebliche Differenzen (▶ Abb. 8), hier variieren die Quoten zwischen 1,5 % (Bremen) und 6,6 % (Mecklenburg-Vorpommern).

Die *Inklusionsquote* gibt Auskunft darüber, wie viele Schüler mit sonderpädagogischem Förderbedarf (gemessen an allen Schülern) an allgemein bildenden Schulen inklusiv unterrichtet werden. Sie kann prozentual errechnet werden, wenn der Anteil der Schüler mit sonderpädagogischem Förderbedarf mit der Gesamtschülerzahl in Relation gesetzt wird. Für das Schuljahr 2014/15 ergibt sich für Deutschland eine Inklusionsquote von 2,0 %. Die Werte der einzelnen Bundesländer finden sich in Tabelle 6, sie reichen von 1,1 % (Hessen) bis 4,1 % (Bremen).

Der Stand der Umsetzung inklusiver Beschulung

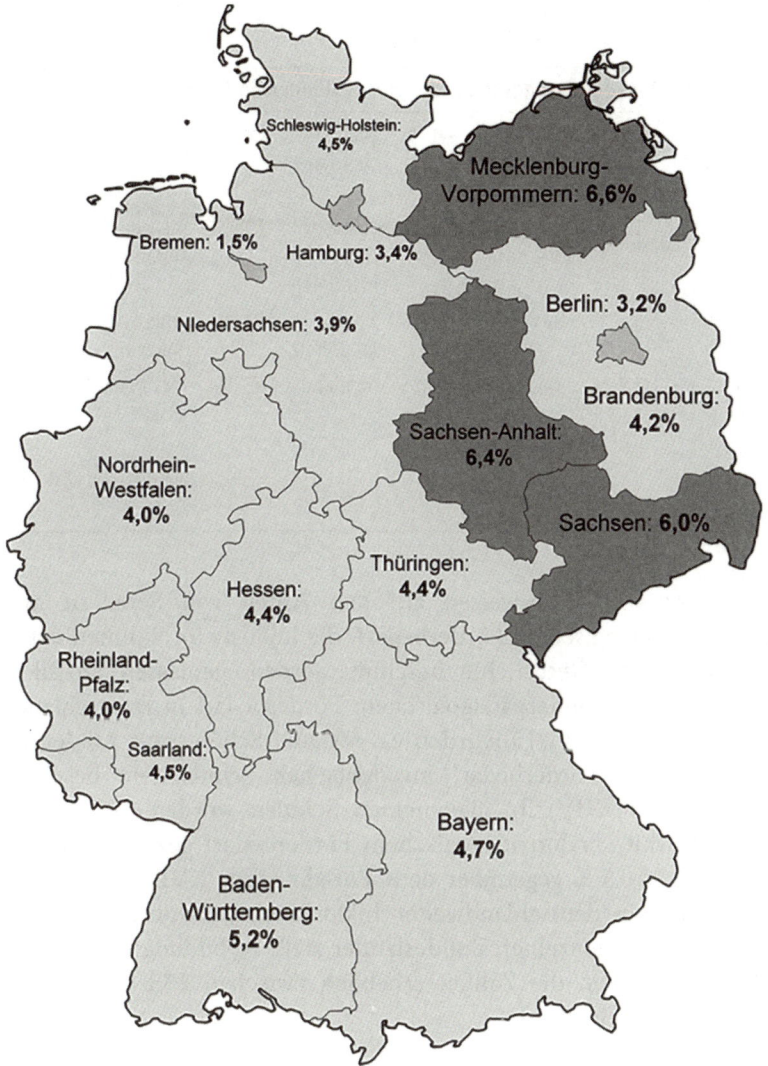

Abb. 8: Förderschulbesuchsquoten nach Bundesländern im Schuljahr 2014/15 (selbst erstellt nach KMK 2016, 39)

Tab. 6: Inklusionsquoten nach Bundesländern im Schuljahr 2014/15 (eigene Berechnungen nach KMK 2015 und KMK 2016)

Inklusionsquoten innerhalb der Bundesländer im Schuljahr 2014/15							
Baden-Württemberg	1,9 %	Bremen	4,1 %	Niedersachsen	1,6 %	Sachsen	2,4 %
Bayern	1,5 %	Hamburg	3,9 %	Nordrhein-Westfalen	2,1 %	Sachsen-Anhalt	2,5 %
Berlin	3,6 %	Hessen	1,1 %	Rheinland-Pfalz	1,4 %	Schleswig-Holstein	3,4 %
Brandenburg	3,2 %	Mecklenburg-Vorpommern	3,7 %	Saarland	3,3 %	Thüringen	2,0 %
						bundesweit	2,0 %

Inklusionsanteile verweisen auf den Anteil von Schülern mit sonderpädagogischem Förderbedarf, die inklusiv im Rahmen eines gemeinsamen Unterrichts beschult werden, gemessen an allen Schülern mit sonderpädagogischem Förderbedarf in Deutschland. Im Schuljahr 2014/15 wurden ca. 508.400 Schüler mit sonderpädagogischem Förderbedarf im deutschen Schulsystem beschult (KMK 2016, XIV). In allgemeinen Schulen wurden ca. 173.400 Schüler mit sonderpädagogischem Förderbedarf gezählt, ein Anstieg von 10,3 % gegenüber dem Vorjahr (ebd., XVII). Daraus ergibt sich ein deutschlandweiter Inklusionsanteil von 34,1 %. Die Situation der einzelnen Bundesländer stellt Abbildung 9 dar, auch hier schwanken die Zahlen erheblich zwischen 23,1 % (Hessen) und 77,0 % (Bremen).

Der Stand der Umsetzung inklusiver Beschulung

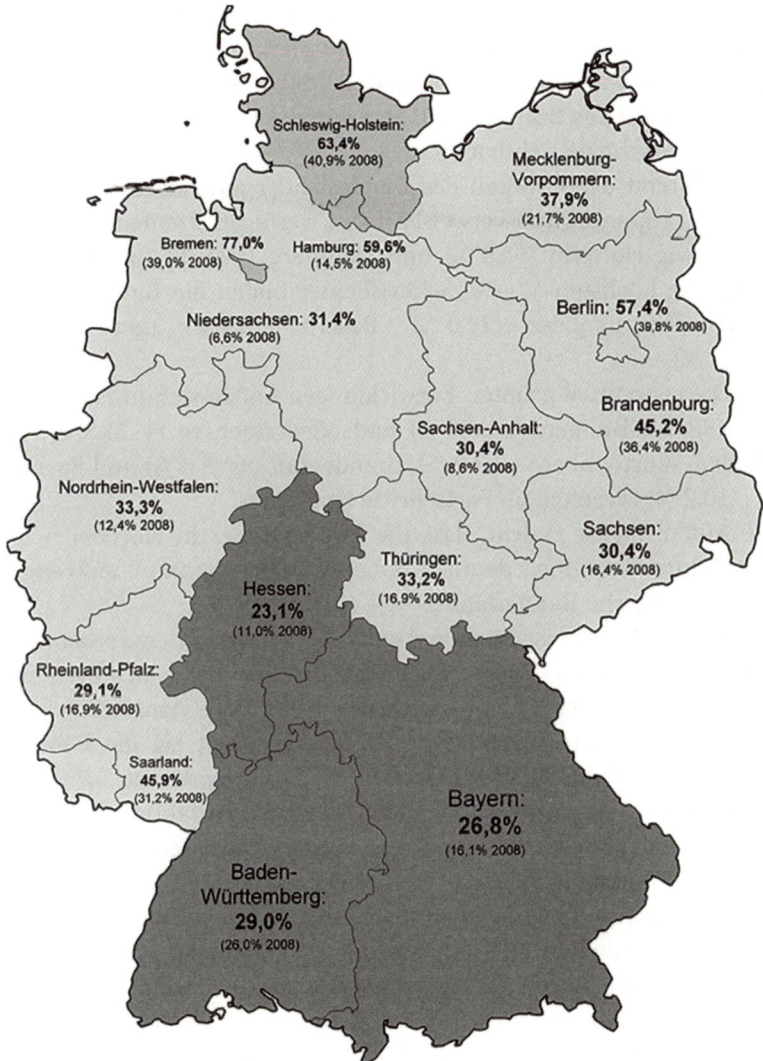

Abb. 9: Inklusionsanteile nach Bundesländern im Schuljahr 2014/15 (selbst errechnet und erstellt nach KMK 2015 und KMK 2016)

In Analogie zum Anstieg der Inklusionsanteile auf Bundesebene finden sich auch in den einzelnen Bundesländern zum Teil sehr positive Entwicklungen im Vergleich mit dem Schuljahr 2008/09 (entnommen aus Böttinger 2015), wenngleich nach wie vor deutliche Unterschiede sichtbar sind.

Während der Großteil der Bundesländer auf Inklusionsanteile von ca. einem Drittel verweisen kann, verfügen Bremen (77,0 %), Schleswig-Holstein (63,4 %) und Hamburg (59,6 %) mit Abstand über die höchsten Werte. Schlusslichter bilden die Bundesländer Baden-Württemberg (29,0 %), Bayern (26,8 %) und Hessen (23,1 %).

Die prozentual größten Entwicklungen finden sich in Hamburg (+ 45,1 %), Bremen (+ 38,0 %) und Niedersachsen (+ 24,8 %), in Baden-Württemberg (+ 3,0 %), Brandenburg (+ 8,8 %) und Bayern (+ 10,7 %) verliefen die Fortschritte langsamer.

Auffallend ist zudem, dass die Bundesländer in Norddeutschland durchweg einen deutlich höheren Inklusionsanteil aufweisen als süddeutsche Bundesländer.

Zu guter Letzt ist es interessant, die bundesweiten *Förderquoten* zu betrachten. Diese zeigen an, bei wie vielen Schülern im deutschen Schulsystem (prozentual) ein sonderpädagogischer Förderbedarf diagnostiziert wurde. Deutschlandweit lag die Förderquote im Schuljahr 2014/15 bei 7,0 % im Gegensatz zu 5,7 % im Jahr 2005 (KMK 2016, XIV). Damit steigt die Anzahl der Feststellungen eines sonderpädagogischen Förderbedarfs seit einigen Jahren kontinuierlich an.

Der Vergleich zwischen den Bundesländern ergibt unterschiedliche Förderquoten (▶ Tab. 7), die u. a. auf unterschiedliche Vorgehensweisen bei der Diagnostik zurückgeführt werden können. In Bremen bekommen 4,5 % der Schüler einen sonderpädagogischen Förderbedarf diagnostiziert, in Mecklenburg-Vorpommern sind es mit 9,6 % mehr als doppelt so viele Diagnosen.

Tab. 7: Förderquoten der einzelnen Bundesländer im Schuljahr 2014/15 (eigene Berechnungen)

Förderquoten innerhalb der Bundesländer im Schuljahr 2014/15							
Baden-Württemberg	6,6 %	Bremen	4,5 %	Niedersachsen	5,1 %	Sachsen	7,8 %
Bayern	5,9 %	Hamburg	6,4 %	Nordrhein-Westfalen	5,6 %	Sachsen-Anhalt	8,4 %
Berlin	6,1 %	Hessen	5,3 %	Rheinland-Pfalz	5,1 %	Schleswig-Holstein	4,9 %
Brandenburg	6,9 %	Mecklenburg-Vorpommern	9,6 %	Saarland	6,9 %	Thüringen	5,9 %
						bundesweit	7,0 %

Die Verteilung der der insgesamt ca. 508.400 Schüler mit sonderpädagogischem Förderbedarf auf die einzelnen Förderschwerpunkte im Schuljahr 2014/15 (▶ Tab. 8) zeigt, dass mit Abstand die meisten Schüler dem Förderschwerpunkt Lernen zugeordnet werden (37,7 %), gefolgt von den Förderschwerpunkten geistige sowie emotionale und soziale Entwicklung (je 16,1 %) (KMK 2016, XV).

3 Stand der Umsetzung inklusiver Beschulung in Deutschland

Tab. 8: Verteilung der Schüler mit sonderpädagogischem Förderbedarf auf die einzelnen Förderschwerpunkte im Jahr 2014/15 (errechnet und erstellt nach KMK 2016, XV)

Förderschwerpunkt	Prozentuale Verteilung	Anzahl an Schülern
Lernen	37,7 %	191.546
Geistige Entwicklung	16,1 %	81.905
Emotionale und soziale Entwicklung	16,1 %	81.675
Sprache	10,8 %	55.111
Körperliche und motorische Entwicklung	7,0 %	35.451
Hören	3,6 %	18.544
Förderschwerpunkt-übergreifend bzw. ohne Zuordnung	2,7 %	13.502
Kranke	2,2 %	11.374
Lernen, Sprache, emotionale und soziale Entwicklung (LSE)	2,2 %	11.329
Sehen	1,6 %	7.949

Zusammenfassend fallen die *großen Schwankungen* in den einzelnen Bundesländern ins Auge, die der föderalistischen Ausrichtung des Bildungssystems sowie unterschiedlichen Vorgehensweisen bei der Diagnose des sonderpädagogischen Förderbedarfs geschuldet sind. Seit Inkrafttreten der UN-Behindertenrechtskonvention sind die deutschlandweiten Förderquoten von 5,6 % auf 7,0 % sowie die Inklusionsquoten von 1,1 % auf 2,0 % angestiegen, die Exklusionsquote ist gleichzeitig nur leicht von 4,9 % auf 4,6 % gesunken.

Auch wenn der Stand der Inklusion nicht nur rein quantitativ anhand der Förder-, Inklusions- oder Exklusionsquoten bestimmbar ist, kann dennoch festgehalten werden, dass die vermehrte inklusive Beschulung in allgemeinen Schulen bisher *kaum zu einer Verringerung des Unterrichts an Förderschulen* geführt hat:

»Trotz einer zunehmenden Tendenz, Schülerinnen und Schüler mit sonderpädagogischer Förderung auch in allgemeinen Schulen zu unterrichten, ist der Anteil der Schülerinnen und Schüler an Förderschulen im Verhältnis zu Gesamtzahl der Schülerinnen und Schüler im Alter der Vollzeitschulpflicht seit 2005 nahezu stabil [...]« (KMK 2016, XVI).

Die Bestrebungen, vermehrt Schüler aus den Förderschulen an Regelschulen zu unterrichten und so die Zahl der separiert beschulten Kinder und Jugendlichen zu verringern, zeigen bisher also nur bedingt Wirkung.

Zudem ist der Inklusionsgedanke im deutschen Schulsystem auf den einzelnen Bildungsstufen in unterschiedlichem Ausmaß verwirklicht. Dabei gilt: *Je höher die Bildungsstufe, desto niedriger der Anteil an Inklusion.* Im Bereich der Früh- und Vorschulpädagogik werden ca. zwei Drittel der Kinder mit sonderpädagogischem Förderbedarf in integrativen Kindertageseinrichtungen betreut. In der Grundschule dreht sich das Verhältnis um, der Wert sinkt auf ca. ein Drittel. In der Sekundarstufe I werden schließlich nur noch knapp 22 % der Schüler im gemeinsamen Unterricht beschult (KMK 2014a, 177). Insgesamt werden nur rund ein Drittel der Kinder, die vor ihrer Schulzeit bereits integrative Erfahrungen sammeln konnten, bis zum Ende ihrer Schullaufbahn inklusiv beschult. Betrachtet man die einzelnen *Förderschwerpunkte*, werden Schüler aus den Förderschwerpunkten Lernen und emotionale und soziale Entwicklung vergleichsweise häufig integrativ beschult (43,6 % bzw. 24,8 %). Deutlich weniger Bedeutung dagegen hat gemeinsamer Unterricht im Förderschwerpunkt geistige Entwicklung, dort besuchen lediglich 4 % allgemeine Schulen (KMK 2016, XX).

Sehr deutlich wird die Diskrepanz, wenn man betrachtet, wie die gemeinsame Beschulung auf die *einzelnen Schularten* verteilt ist. Knapp 45 % der Inklusionsschüler besuchen eine Grundschule, 18,2 % eine integrierte Gesamtschule und 11,3 % eine Mittelschule. Nur 9,8 % ist in Schularten mit mehreren bzw. höheren Bildungsgängen, also einer Realschule (4,3 %) oder einem Gymnasium (5,5 %) zu finden (KMK 2016, XVIII).

Die KMK beurteilt den Stand der Umsetzungsbemühungen ebenfalls kritisch. In ihrem Fazit zur Situation von Menschen mit Behinderung im Bildungssystem im Bildungsbericht 2014 formuliert sie schon vor Erscheinen der Zahlen aus dem Schuljahr 2014/15 eine Reihe struktureller Probleme, die Inklusion erschweren.

Es ergeben sich Gegensätze »aus der Verschiedenartigkeit der begrifflichen Zuordnung, aus gewachsenen institutionellen Bedingungen, aus unterschiedlichen professionellen Selbstverständnissen ebenso wie aus den Unterschieden in den Rechtssystemen« (KMK 2014b, 9).

Zusammenfassung Kapitel 3.1
Wichtige Eckdaten zum Umsetzungsstand:

- große Schwankungen zwischen den einzelnen Bundesländern
- Förderquoten und Inklusionsquoten steigen, während die Exklusionsquoten leicht sinken.
- Allerdings führt eine vermehrte inklusive Beschulung momentan kaum zu einer Verringerung des Unterrichts innerhalb des Förderschulsystems!
- Je höher die Bildungsstufe, desto geringer der Anteil an Inklusion!
- Der Großteil inklusiver Beschulung findet momentan an Grund- sowie Haupt- und Mittelschulen statt.

3.2 Ein Blick über den Tellerrand – Internationale Perspektiven der Inklusion

Nicht nur in Deutschland ist Inklusion ein Thema der Bildungslandschaft. Im Folgenden werden die Bemühungen um gemeinsamen Unterricht in zwei europäischen Ländern, nämlich Italien und Schweden dargestellt. Zum einen sollen so unterschiedliche Schwerpunktsetzungen und Umsetzungsstrategien deutlich werden, zum anderen eröffnen sich Möglichkeiten, aus den internationalen Entwicklungen Anknüpfungspunkte für den Entwicklungsprozess in Deutschland herauszufiltern.

Integrative Schulen in Italien

Das *Schulsystem in Italien* (▶ Tab. 9) beginnt für alle Kinder mit einer fünfjährigen Grundschule, der eine dreijährige Vorschule auf freiwilliger Basis vorgeschaltet ist. Dem Primarbereich folgt eine ebenfalls dreijährige und für alle Schüler einheitliche Sekundarstufe I, die sich schließlich in die Schulformen Gymnasium, Fachoberschule und Berufsfachschule teilt (fünfjährige Sekundarstufe II). Die Schulpflicht reicht bis zum Ende der Sekundarstufe I. Ein eigenes Förderschulwesen wie in Deutschland gibt es in Italien nicht.

An allen Schulen der Sekundarstufe II ist es möglich, das Abitur zu erlangen. Unterschiede bestehen bei der Dauer der Beschulung und der inhaltlichen Schwerpunktsetzung. An Fachober- und Berufsfachschulen können zusätzlich auch berufsqualifizierende Abschlüsse erworben werden. Das Abitur berechtigt zum Studium an Universitäten sowie Aus- und Weiterbildungsakademien (Allemann-Ghionda 2013, 133).

Tab. 9: Das italienische Bildungssystem (selbst erstellt)

Bereich	Institution	Dauer
Tertiärbereich	Universitäten Ausbildungs- und Weiterbildungsakademien	vier Jahre
Sekundarstufe II	Gymnasium Fachoberschule Berufsfachschule	fünf Jahre
Sekundarstufe I	Sekundarbereich I (alle Schüler gemeinsam)	drei Jahre
Primarbereich	Grundschule (für alle Schüler verpflichtend)	fünf Jahre
Elementarbereich	Vorschule ab drittem Lebensjahr (freiwilliger Besuch)	drei Jahre
	♦ Schulpflicht bis zum Ende der Sekundarstufe I ♦ kein eigenes Förderschulwesen	

Die Beschulung von *Kindern und Jugendlichen mit Behinderungen* an allgemeinen Schulen wird in Italien bereits seit Jahrzehnten umgesetzt.

Verbunden mit der Aufarbeitung des faschistischen Regimes von Mussolini, war in den 1960er Jahren ein gesellschaftlicher Abgrenzungsversuch von dessen separierender und elitärer Bildungspolitik zu beobachten. Dieser wurde v. a. durch die verstärkte integrative Beschulung von behinderten Kindern zum Ausdruck gebracht. Gemeinsamer Unterricht wurde 1971 durch eine erste Gesetzesüberarbeitung auf rechtlicher Ebene verankert, was zur Konsequenz hatte, dass nur noch schwer behinderte Kinder in eigenen Spezialklassen beschult wurden.

In den folgenden Jahren kam es zur sogenannten ›wilden Integration‹ (inserimento): Noch ungenügender gesetzlicher Basis und häufig mangelhaften Rahmenbedingungen zum Trotz wurde die Integration behinderter Kinder und Jugendliche in der Schule massiv vorangetrieben (Enders 2013, 91). Das Integrationsgesetz 517 sorgte im Jahr 1977 dafür, dass alle Schüler mit Beeinträchtigungen in allgemeinen Schulen zu unterrichten waren, Förderschulen wurden bis auf wenige Ausnahmen abgeschafft. Eine flächendeckende integrative Beschulung im Primarbereich und in der Sekundarstufe I wurde durch das Prinzip der wohnortnahen Integration verwirklicht.

Dennoch dauerte es 15 Jahre, bevor 1992 das Recht auf gemeinsame Erziehung und Bildung in allen Bildungsbereichen bis hin zur Universität im Gesetzestext verankert wurde (Gesetz 104). 2001 schließlich wurde der integrativen Schule in Italien auch im Bereich der Didaktik und Unterrichtsgestaltung weitgehende Freiheit und Flexibilität für die Gestaltung des gemeinsamen Unterrichts zugestanden.

Neben der rechtlichen Verankerung inklusiver Beschulung ist auch die *gesellschaftliche Haltung* zur Inklusion von grundlegender Bedeutung. Nicht nur bezüglich des Umgangs mit Behinderung, sondern generell finden sich in Italien nur wenige exkludierende Tendenzen. So gehört das Zusammenleben mehrerer Generationen in einem Haus zur Normalität. Gemeinschaft und familiäres Zusammenleben sind von zentraler Bedeutung, denn »die Familie hatte in Italien seit jeher die Funktion, die Existenz der einzelnen Familienmitglieder zu sichern und Schutz zu gewähren« (Caciagli 2010, 183).

Diese Einstellung kann auch auf das Schulsystem übertragen werden. Das gesellschaftliche Solidaritätsverständnis sorgte dafür, dass Integration trotz hohem Aufwand und vermehrten Kosten nie in Zweifel gezogen wurde. Ausdruck findet diese Haltung darin, dass italienische Lehrkräfte gemeinsamen Unterricht zeitweise als erhebliche Belastung erleben, aber »trotzdem keinesfalls in Frage stellen, dass Kinder mit Beeinträchtigungen selbstverständlich in diesen Gruppen sein sollten« (Enders 2013, 93). Die Frage, ob ein Kind inkludiert werden kann, wird nicht gestellt. Vielmehr setzt man sich damit auseinander, was man tun kann, damit ein bestimmtes Kind möglichst gut die wohnortnahe Schule besuchen und dort gefördert werden kann.

Als direkte Folge ist der Umgang mit Behinderung für alle Lehrkräfte selbstverständlich. Da der erzieherische und schulische Umgang mit beeinträchtigten Kindern und Jugendlichen für Erzieher und Lehrkräfte nur eine Frage der Zeit ist, erfolgt zum Beispiel schon früh eine Auseinandersetzung mit Fördermöglichkeiten.

Die *konkrete Unterrichtsorganisation* sieht zwei Besonderheiten zur Unterstützung von Schülern mit Beeinträchtigungen vor. Zum einen darf eine Klasse mit drei oder mehr Schülern mit erhöhtem Förderbedarf die Gesamtzahl von zwanzig Schülern in der Regel nicht überschreiten. Zum anderen werden Lehrertandems bestehend aus der Klassenlehrkraft und einem Unterstützungslehrer gebildet. Dieser ist verstärkt für beeinträchtigte Kinder zuständig. Zusätzlich stehen Integrationslehrkräfte und Sozialpädagogen als ergänzende personelle Ressourcen zur Verfügung.

Die klassische Leistungsbewertung in Form von Ziffernnoten ist in Italien nur an den Übergängen zum Sekundarbereich I bzw. II in Form einer Abschlussprüfung vorgesehen. Ansonsten erhalten Schüler und Eltern Lernberichte über die Leistungs- und Persönlichkeitsentwicklung und persönliche Beurteilungsbögen (Isecke 2013, 31).

Inklusion wird in der Praxis pragmatisch verwirklicht. Unter dem *Primat der Durchführbarkeit* wurde – wohl auch aufgrund der langjährigen praktischen Erfahrungen – auf allzu idealistische Zielsetzungen verzichtet. So ist beispielsweise die in Deutschland diskutierte Dekategorisierung in Italien kein Thema. Damit die vorhandenen Ressourcen effektiv verteilt werden können, wurde ein Verteilungsschlüssel eingeführt: Nur Schüler mit einem Attest (›bambini certificati‹) und mit Lern- und Verhaltensauffälligkeiten (›bambini con difficolta‹) haben Anspruch auf besondere Unterstützungsmaßnahmen im gemeinsamen Unterricht (ebd., 89).

Der Gefahr, Behinderung zu verharmlosen oder nur unzureichende Förderung bereitzustellen, wird entgegengewirkt, indem ein behinderter Schüler aus zwei Perspektiven betrachtet wird. Zum einen als normales Mitglied einer heterogenen Lerngruppe innerhalb der integrativen Schule, zum anderen aber auch als spezifischer Einzelfall, der in bestimmten Fällen Einzelförderung oder spezielle Therapie bzw. Pflege benötigt. Erneut wird eine pragmatische Herangehensweise sichtbar, das Credo schulischen Lernens lautet: So lange zusammen wie möglich, aber auch so oft einzeln und behinderungsspezifisch wie nötig. »Sie [eine italienische Lehrkraft] misst das behinderte Kind – wo dies möglich ist – an Kategorien der Normalität ebenso wie sie nach Bedarf auch bereit ist, es radikal als Einzelfall zu sehen und zu behandeln« (ebd., 96 f.).

Aus dieser Sichtweise heraus wird deutlich, warum die in Deutschland heftig geführte Diskussion über die Begriffe Integration oder Inklusion in Italien nicht vorkommt. Pragmatisch gesehen ist es nicht von Bedeutung, ob gemeinsamer Unterricht als Wiederherstellung einer Einheit (Integration) oder als Vielfalt von Anfang an (Inklusion) gedacht wird. Entscheidend ist die Qualität der Förderung für Schüler mit Förderbedarf.

Trotz eines Schulsystems, das durchgehend auf Integration eingestellt ist, ergeben sich in der Praxis verschiedene *Umsetzungsschwierigkeiten*.

Zwar ist Italien im Inneren nach wie vor eine solidarische Gesellschaft. Allerdings lassen sich in den letzten Jahren verstärkt Tendenzen beobachten, die in Richtung einer gesellschaftlichen Individualisierung deuten. Familie, Gemeinschaft und Solidarität verlieren als Orientierungsnormen an Bedeutung, »anstatt alter Werte werden nunmehr hedonistische Orientierungen und Ziele verfolgt« (Caciagli 2010, 183). Damit wächst auch der Druck, die hohen Kosten und den vermehrten personellen Aufwand der Integration zu rechtfertigen.

In Verbindung mit Mittelkürzungen im Bildungsbereich kommt es zunehmend zu Stundenkürzungen, Folge ist ein Mangel an Unterstützungslehrern und Lehrertandems. Die Klassenfrequenzen werden erhöht, weniger Fördermöglichkeiten angeboten und Ganztagsangebote zunehmend abgebaut. Vor allem in der Sekundarstufe II gehören ein mangelhafter Betreuungsschlüssel und unzureichend ausgebildetes Personal zum schulischen Alltag, wodurch die gemeinsame Unterrichtsgestaltung erschwert wird (Blöchle 2010, 339).

Somit läuft Inklusion in Italien Gefahr, durch finanzielle Einsparungen bei Material, Lehrkräften und Ressourcen den eigenen Anspruch auf eine hoch- sowie gleichwertige Bildung für Kinder mit Beeinträchtigungen nicht einlösen zu können.

Das inklusive Schulsystem in Schweden

Auch im *schwedischen Schulsystem* (▶ Tab. 10) ist der Beschulung ab der ersten Jahrgangsstufe ein Elementarbereich vorgeschaltet. Alle Kinder unter sechs Jahren können eine dreijährige Vorschule besuchen, auf die eine einjährige Vorschulklasse folgt. Die Einrichtung solcher Klassen ist gesetzlich verankert, der Besuch allerdings freiwillig.

Tab. 10: Das schwedische Bildungssystem (selbst erstellt)

Bereich	Institution	Dauer
Tertiärbereich	Universität Staatliche Hochschulen	drei bis vier Jahre
Sekundarstufe II	Sekundarschule (Gymnasium)	drei Jahre
Sekundarstufe I + Primarbereich	gemeinsame Grundschule	neun Jahre
Elementarbereich	Vorschule (drittes bis fünftes Lebensjahr) + einjährige Schulvorbereitungsklasse	drei Jahre
	◆ neunjährige Schulpflicht (sieben bis 16 Jahre) ◆ inklusives Bildungssystem	

Anders als in Deutschland kennt das schwedische Schulsystem keine Unterscheidung zwischen Primar- und Sekundarbereich. Bei einer Pflichtschulzeit von neun Schulbesuchsjahren für alle Schüler zwischen dem siebten und 16. Lebensjahr besuchen alle Kinder eine gemeinsame neunjährige Grundschule, die als Ganztagsschule konzipiert ist und der deutschen Primar- und Sekundarstufe I entspricht. Die Selektion und Verteilung auf weiterführende Schulen erfolgt in Schweden also deutlich später als in der BRD.

Die freiwillig zu besuchende Sekundarschule ist mit der deutschen Sekundarstufe II vergleichbar, vermittelt werden allgemein- und berufsbildende Inhalte. Die Schüler können aus verschiedenen Ausbildungsprogrammen (z. B. naturwissenschaftlich, sozialwissenschaftlich, handwerklich oder landwirtschaftlich) wählen. Absolventen der Sekundarschule erhalten ohne weitere Abschlussprüfung ein Zeugnis, mit dem sie am tertiären Bildungssektor teilnehmen können. Dieser konzentriert sich vor allem auf ein Studium an Universitäten und staatlichen Hochschulen (Werler/Claesson 2010, 654 f.).

Eine *Besonderheit* im Vergleich zu Deutschland ist die flexible zeitliche Gestaltung eines Schultages. Die starre Einteilung in Unterrichtsstunden von 45 Minuten wurde zugunsten von Lerneinheiten von dreißig bis sechzig Minuten aufgegeben. Für die Ausgestaltung der Einheiten sind die Schulen verantwortlich, der Staat gibt lediglich eine bestimmte Anzahl an verpflichtenden Gesamtstunden pro Unterrichtsfach und Schuljahr vor.

Schulnoten gibt es erst ab der achten Jahrgangsstufe, davor ersetzen Entwicklungsberichte und Lehrerfeedbacks die Zensuren. Zur besseren Vergleichbarkeit werden in der fünften und neunten Klasse Tests in Schwedisch, Mathematik und Englisch durchgeführt. Zum Ende der Grundschulzeit wird ein Abschlusszeugnis ausgestellt, das zum Besuch der weiterführenden Schule berechtigt.

Ähnlich wie Italien hat auch Schweden langjährige Erfahrung in der *gemeinsamen Beschulung* aller Kinder und Jugendlichen. Im Zuge einer umfassenden Bildungsreform in den 1960er Jahren wurden die Volksschulen zu Gesamtschulen umgewandelt und die Trennung zwischen Volksschulen und speziellen Schulen (Förderschulen) weitgehend aufgehoben. Seit den 1970er Jahren ist in Schweden ein flächendeckendes Gesamtschulwesen verwirklicht, das inklusiv ausgerichtet ist und Schüler mit Behinderungen im gemeinsamen Unterricht beschult. Im Schulgesetz ist das Recht aller Kinder und Jugendlichen auf gleichen Zugang zu Bildung in der Regelschule verankert (Biermann/Powell 2014, 688).

Das schwedische Schulsystem ist in vielen Bereichen *inklusionsfreundlich* organisiert und gestaltet.

Durch das längere gemeinsame Lernen an der neunjährigen Grundschule entfällt nicht nur eine frühe Selektion wie in Deutschland, auch die institutionelle Diskriminierung von Schülern mit Beeinträchtigungen wird reduziert.

In Schweden wird kein sonderpädagogischer Förderbedarf erhoben, um Klassifizierungen bzw. Stigmatisierungen zu vermeiden. Der Gefahr, die förderbedürftigen Schüler nicht mehr identifizieren zu können, wird begegnet, indem alle Schüler im gemeinsamen Unterricht individuelle und methodisch-didaktische Hilfestellungen erhalten. Ausnahmslos jeder Schüler erhält einen Entwicklungsplan mit individueller Lernausgangslage und interessen- sowie fähigkeitsbezogenen Entwicklungszielen. In regelmäßigen Evaluationsgesprächen werden Entwicklungsfortschritte festgehalten und die Pläne fortgeschrieben. Wichtiger Bestandteil ist der Einsatz von Sonderpädagogen, die Kinder und Jugendliche mit Beeinträchtigungen unterstützen.

Generell wurden die in Deutschland üblichen Klassenwiederholungen (›Sitzenbleiben‹) abgeschafft, Entwicklungsgespräche und weitere alternative Bewertungsformen (z. B. Portfolioarbeit) werden gegenüber den klassischen Ziffernnoten bevorzugt verwendet.

Ein wesentliches schulisches Prinzip ist die Integration von Schülern mit Lernschwierigkeiten in den Unterricht. Schulgesetz und Lehrplan sehen dafür besondere Maßnahmen vor, die konkrete Ausgestaltung obliegt den Einzelschulen. Von technischen Hilfsmitteln bis hin zu Förderunterricht durch einen Sonderpädagogen ist eine große Bandbreite an Unterstützungen möglich.

Positiv hervorzuheben ist die hohe Durchlässigkeit des Bildungssystems bis zum Tertiärbereich. Die Problematik der Transitionen tritt in Schweden vermindert auf. Nach Absolvieren der Grundschule sind alle Schüler berechtigt, die Sekundarschule zu besuchen. Damit Kinder mit Migrationshintergrund möglichst gute Bildungschancen haben, besteht für sie ein Anspruch auf Unterricht in ihrer Muttersprache, der integriert oder zusätzlich zum Unterricht ablaufen kann. So soll die Muttersprache vertieft, ein bilinguales Sprachverständnis aufgebaut und eine doppelte kulturelle Identität angebahnt werden.

Bei genauerer Betrachtung werden allerdings auch in Schweden *Umsetzungsschwierigkeiten* sichtbar.

Vor allem an den Grundschulen herrscht ein Mangel an sonderpädagogischer Förderung. Gründe sind eine zu geringe Anzahl an Sonderpädagogen und nachteilige Rahmenbedingungen wie ein Mangel an Zeit oder ein unzureichender Betreuungsschlüssel. Der Anspruch auf pädagogische Förderung aller Schüler und sonderpädagogische Förderung beeinträchtigter Schüler kann vermehrt nicht realisiert werden.

Für betroffene Schulen gibt es die Möglichkeit, Bildungsgänge mit verminderter Stundenzahl anzubieten, um die weitere Beschulung durch innere Differenzierung zu gewährleisten. Innerhalb eines solchen modifizierten Bildungsganges kann allerdings lediglich ein eingeschränktes Abschlusszeugnis erworben werden, das nicht zum Besuch der Sekundarschule berechtigt (Barow 2013, 139 f.). Dadurch wird die Durchlässigkeit erheblich eingeschränkt.

Auch die Qualität der sonderpädagogischen Förderung ist verbesserungsfähig. Die schwedische Schulinspektion kommt zu dem Ergebnis, dass häufig keine Passung zwischen den Lernvoraussetzungen der Schüler und dem erteilten Unterricht vorliegt und die sonderpädagogische Unterstützung mangelhaft ausfällt (Schulinspektion 2011, zit. nach ebd., 138).

Weitere exklusive Tendenzen zeigen sich zum einen darin, dass vermehrt spezifische, separiert unterrichtete Lerngruppen für Kinder mit Verhaltensauffälligkeiten und Sprachbeeinträchtigungen gebildet werden (Ahrbeck 2014, 19). Zum anderen existieren

Spezialschulen für Schüler mit Hör- oder Sehbeeinträchtigungen (›specialskolor‹) und Grundsonderschulen für Kinder und Jugendliche mit sehr starken Lernschwierigkeiten und geistiger Behinderung (›särskolor‹) (Biermann/Powell 2014, 688). Diese Grundsonderschulen zielen vor allem auf den Erwerb der Kulturtechniken. »Diejenigen Schüler, denen diese Fähigkeiten im Rahmen eines sonderpädagogischen Gutachtens abgesprochen werden, besuchen die so genannte Trainingsschule« (Ellinger/Engelhardt 2006, 5), die eine lebenspraktische Ausrichtung verfolgt.

Zudem ist die schwedische Bildungspolitik in letzter Zeit einem Wandel unterworfen, der einer konsequenten inklusiven Ausrichtung entgegenläuft. So findet sich im schwedischen Schulgesetz seit 2011 die Möglichkeit zu schultypenspezifischen Lehrplänen und zur Ausbildung von speziellen Lehrkräften. »Dies spricht zunächst nicht notwendigerweise gegen inklusive Bildung, tangiert aber das Bildungsideal einer Schule für Alle« (Biermann/Powell 2014, 688).

> **Zusammenfassung Kapitel 3.2**
> Inklusionsspezifische Besonderheiten von Deutschland, Italien und Schweden:
>
> - Schulsystem:
>   - Italien: gemeinsame Primarstufe + Sekundarstufe I, kein eigenes Förderschulwesen
>   - Schweden: gemeinsame Primarstufe + Sekundarstufe I und II, kein eigenes Förderschulwesen
>   - Deutschland: Selektion nach der Primarstufe auf weiterführende Schulen, ausdifferenziertes Förderschulsystem
> - Kategorisierung beeinträchtigter Schüler:
>   - Italien: bambini certificati und bambini con difficolta
>   - Schweden: keine Feststellung von sonderpädagogischem Förderbedarf, pädagogische Unterstützung für alle Schüler

> – Deutschland: Feststellung des sonderpädagogischen Förderbedarfs in neun Förderschwerpunkten
> • häufigster Beschulungsort für Schüler mit Beeinträchtigungen bzw. sonderpädagogischem Förderbedarf:
>   – Italien: Regelschule
>   – Schweden: Regelschule
>   – Deutschland: sonderpädagogisches Förderzentrum/Förderschule

3.3 Bewertung des Umsetzungsstandes in Deutschland

Wie bereits dargestellt, gestaltet sich die Umsetzung inklusiver Bemühungen in der Bundesrepublik aufgrund der föderalistischen Gliederung sehr unterschiedlich und unterliegt *großen Schwankungen*.

Ein Bundesland, in dem bereits *tiefgreifende Veränderungen und Entwicklungen* zu verzeichnen sind, ist der *Stadtstaat Bremen*. Durch die Änderung des Schulgesetzes wurden im Jahr 2009 alle Schulen in Bremen gesetzlich verpflichtet, allen Schülern den Besuch der Regelschule zu ermöglichen. Zudem wurden Zentren für unterstützende Pädagogik (ZuP) und regionale Beratungs- und Unterstützungszentren (ReBUZ) geschaffen, die den allgemeinen Schulen bei Fragen der Inklusion sowie bei Diagnostik, Förderplanung oder Beratung unterstützend zur Seite stehen (Senatorin für Bildung 2013).

Zentren für unterstützende Pädagogik werden an Regelschulen eingerichtet und verfügen über multidisziplinäre Teams (z. B.

Sonderpädagogen, Assistenzkräfte und Sozialpädagogen). Eine ausreichende Vernetzung zwischen ZuP und allgemeiner Schule wird sichergestellt, indem die Leitung des Zentrums gleichzeitig Mitglied der Schulleitung der Regelschule ist.

Die Aufgaben eines ZuP umfassen neben der Durchführung des Verfahrens zur Feststellung des sonderpädagogischen Förderbedarfs und dessen Dokumentation auch die Planung der schulischen Förderung und die Gewährleistung deren fachgerechten Durchführung. Zudem dienen die Zentren als Beratungsstellen für Eltern/Erziehungsberechtigte, pädagogisches Personal und Lehrkräfte, die dort Fort- und Weiterbildungsangebote wahrnehmen können. Selbstverständlich können sich auch Schüler im ZuP beraten lassen, zusätzlich werden Programme zur Förderung der Peer-Erfahrungen behinderter Schüler angeboten.

Regionale Beratungs- und Unterstützungszentren verfügen ebenfalls über multiprofessionelle Teams und werden zusätzlich von Schulpsychologen unterstützt. Ausdrücklich ist eine Zusammenarbeit mit den ZuP vorgesehen. Die übergeordneten Arbeitsgebiete lassen sich grob in zwei Bereiche einteilen:

- Förderung der schulischen Eingliederung in Regelschulen (unabhängig von der Art der Behinderung oder der Problemlage)
- Bereitstellen von Unterstützungsangeboten in Krisensituationen, die eine weitere inklusive Beschulung gefährden

Die spezifischen Aufgaben ähneln denen der ZuP, gehen aber zum Teil über diese hinaus. So gehört es zum Profil der ReBUZ, schulpsychologische Beratung anzubieten, Netzwerkarbeit in den Stadtteilen zu leisten, schulübergreifende Aufgaben (z. B. spezielle Dyskalkulie-Kurse oder die Begleitung von Schülern nach längerer Schulabwesenheit) zu organisieren und spezifische Unterstützung beim Übergang von der Schule in die Arbeitswelt bereitzustellen. Tabelle 11 enthält eine Gegenüberstellung der beiden Institutionen.

Tab. 11: Zentren für unterstützende Pädagogik und regionale Beratungs- und Unterstützungszentren in Bremen

Maßnahmen unterstützender Pädagogik in Bremen		
	Zentren für unterstützende Pädagogik (ZuP)	Regionale Beratungs- und Unterstützungszentren (ReBUZ)
Organisation	an allgemeinen Schulen	schulübergreifend
Team	multiprofessionell	multiprofessionell
Aufgaben	• Feststellung des sonderpädagogischen Förderbedarfs • Planung und Durchführung von Förderungen • Beratungsstelle	• Förderung der schulischen Eingliederung in die Regelschule • Unterstützung in Krisensituationen
Besonderheiten	• Leitung des ZuP als Mitglieder der Schulleitung der allgemeinen Schule • Peer-Erfahrungen für Schüler mit sonderpädagogischem Förderbedarf	• schulpsychologische Beratung • Netzwerkarbeit in Stadtteilen • Unterstützung beim Übergang Schule–Beruf • Organisation schulübergreifender Aufgaben

Die zeitnahe Umsetzung der gesetzlichen Vorlagen sorgt dafür, dass Bremen bei einer relativ geringen Förderquote (6,1 %, Platz 5 im Vergleich der Bundesländer) sowohl die höchste Inklusionsquote (63,1 %) als auch die geringste Exklusionsquote (2,3 %) aller Bundesländer vorweisen kann. Auch wenn der Erfolg schulischer Inklusion nicht nur anhand dieser drei Faktoren messbar ist, zeigen die Zahlen dennoch, dass die Entwicklung in Bremen deutlich weiter fortgeschritten ist als in vielen anderen Teilen Deutschlands.

Mit *Blick auf Gesamtdeutschland* muss konstatiert werden, dass der Anstieg an Schülern mit sonderpädagogischem Förderbedarf, die inklusiv beschult werden, noch nicht dazu geführt hat, die Auslastung der Förderschulen zu reduzieren. Die Bestrebungen, die Anzahl an separiert beschulten Kindern und Jugendlichen im deutschen Schulsystem zu verringern, zeigen bisher *nur wenig Wirkung*.

Zusätzlich verringert sich der Anteil an inklusiver Beschulung mit ansteigender Bildungsstufe und Alter der Kinder: Während sich in vorschulischen Einrichtungen und im Primarbereich noch vergleichsweise häufig Inklusion finden lässt, sinkt dieser Anteil bis zum Ende der Schulzeit auf ein Drittel, wobei die Mittelschulen die Hauptlast der Inklusion tragen.

Auch in qualitativer Hinsicht besteht zum Teil erheblicher Entwicklungsbedarf. Mit Verweis auf den zweiten Band dieser Buchreihe, der sich mit Möglichkeiten und Grenzen der Inklusion beschäftigt, werden an dieser Stelle lediglich einige Stichworte aufgeführt, die auf qualitative Probleme hinweisen: Mangelnde Qualität schulischer Förderung, Rückgriff auf schulersetzende Maßnahmen, Überforderung vieler Lehrkräfte und systembedingte Hindernisse.

Für eine weiterführende Bewertung der Inklusion in Deutschland sind Stellungnahmen *nationaler sowie internationaler Gremien* aufschlussreich. Seit der Ratifizierung der UN-BRK beschäftigen sich verschiedene Stellen mit dieser Aufgabe, an dieser Stelle werden drei Berichte exemplarisch vorgestellt: Im Februar 2014 erschien der Bericht des Kinderrechts-Komitees der Vereinten Nationen über die Umsetzung der Rechte von Kindern, im März 2014 folgte die Bonner Erklärung zur inklusiven Bildung der Deutschen UNESCO-Kommission, und im April 2015 gab das Komitee für die Rechte von Menschen mit Behinderungen der Vereinten Nationen seine Einschätzungen ab.

Das *Komitee zur Überwachung der Rechte von Kindern* formuliert seine Empfehlungen in einem zurückhaltenden, aber deutlichen Ton: »Das Komitee zeigt sich besorgt über die nicht-inklusive Erziehung und Bildung, vor allem im schulischen Sekundarbereich [Übersetzung selbst erstellt]« (Committee on the rights of children 2014, 10). Kritisiert wird vor allem eine unzureichende Kooperation zwischen Bund und Ländern, da systematische und umfassende Lehrpläne und Ausbildungsbestimmungen für Lehrkräfte in allen Schularten fehlen. Empfohlen wird eine Revision des Bildungssystems, die vorsieht, auf eine frühzeitige Zuordnung zu verschiedenen Schullaufbahnen zu verzichten. Dabei wird eine ausreichende Versorgung mit finanziellen und sonstigen Ressourcen angemahnt, besonders erwähnt wird die Nutzung der Expertise der Förderschulen.

Einen deutlich härteren Ton einschließlich klarer Forderungen schlägt die *Bonner Erklärung* an. Der BRD wird ein schlechtes Zeugnis ausgestellt. Auch hier werden die durch den Föderalismus verursachten unterschiedlichen Rahmenbedingungen und Umsetzungsbemühungen kritisiert, insgesamt »hat Deutschland einen erheblichen Nachholbedarf bei der Schaffung inklusiver Bildungsangebote« (Deutsche UNESCO-Kommission 2014, 1). Es folgt eine unmissverständliche Aufforderung an die Bundesregierung mit Verweis auf die Verpflichtung der Umsetzung des Menschenrechts auf inklusive Bildung. Inklusion dürfe sich nicht nur auf den Elementar-, Primar- und Sekundarbereich I beschränken, genauso müsse die Sekundarstufe II, der tertiäre Sektor und der Bereich der beruflichen Aus- und Weiterbildung berücksichtigt werden. Die Bundesländer werden aufgerufen, die »in den Bildungsgesetzen der Länder enthaltenen Vorbehalte gegenüber Inklusion« (ebd., 3) aufzugeben. Dazu gehört eine entsprechende Anpassung von Lehrplänen, Leistungsbewertungen und Schulabschlüssen. Das Komitee vertritt die Ansicht, dass Inklusionsanteile von über 90 % an allgemeinen Schulen möglich sind und lediglich ein sehr geringer Anteil der Schüler mit sonderpädagogischem Förderbedarf separiert unterrichtet werden muss. Dazu ist »das bestehende Doppelsystem aus Sonder- und Regelschulen [...] planvoll zu einem inklusiven Schulsystem zusammenzuführen« (ebd.). Die Expertise und Erfahrung der Sonderpädagogen soll in diesem Zusammenhang verstärkt zur Beratung und Unterstützung inklusiver Bildungsinstitutionen genutzt werden.

Auch das *Komitee für die Rechte von Menschen mit Behinderung* beurteilt den momentanen Umsetzungsstand in Deutschland als mangelhaft. Einigen positiven Aspekten (z. B. die Anerkennung der Gebärdensprache als eigenständige Sprache) stehen verschiedene negative Gesichtspunkte gegenüber.

Kritisiert werden vor allem die ungleichen Entwicklungen in den Bundesländern, das Fehlen eines gemeinsamen Aktionsplanes und »mangelnde Klarheit bezüglich der Rollenverteilungen und Verantwortlichkeiten innerhalb des Umsetzungsprozesses der Konvention« [Übersetzung selbst erstellt] (Committee on the Rights of Persons with Disabilities 2015, 2). Die Kommission zeigt sich besorgt über die nach wie vor flächendeckende separierte Beschulung von Kindern und Jugendlichen mit sonderpädagogischem Förderbedarf und verfasst Empfehlungen zum Umbau des Bildungssystems. Die Vorschläge entsprechen in weiten Teilen denen des Komitees zur Überwachung der Rechte der Kinder, bemerkenswert ist der Verweis auf inklusive Studieninhalte innerhalb der Lehramtsausbildung für alle Schularten.

Der Blick auf die Bildungs- und Erziehungssysteme anderer Länder eröffnet *Anknüpfungspunkte* für Veränderungen auf dem Weg zur Inklusion in der deutschen Bildungslandschaft.

Um Angebot und Effektivität der sonderpädagogischen Förderung in allgemeinen Schulen zu steigern, ist diese nicht mehr nur von außen als externe Hilfe zu denken, sondern als *fest installierter Bereich der Regelschulen*. Hier kann Italien als Vorbild dienen, in dessen Schulsystem Integrations- und Unterstützungslehrkräfte feste Bestandteile der Lehrerkollegien sind.

Im gemeinsamen Unterricht ist es notwendig, jedem Schüler genügend Lernzeit zur Bearbeitung individueller Aufgaben zuzugestehen, damit er seine Lernziele erreichen kann. Dazu gehört neben der *Einführung flexibler Lehrpläne* auch die Diskussion über die in Schweden bereits realisierte *Abschaffung des Sitzenbleibens*. Da viele Schüler auf diesem Weg Zurückweisung erfahren, kann so die Defizitorientierung der Schule verringert werden, um allen Schülern zu ermöglichen, Wertschätzung und Akzeptanz und damit ein förderliches Lernumfeld zu erleben.

Lässt man Kinder wie in der schwedischen Grundschule *länger gemeinsam lernen*, ergeben sich für Regelschullehrkräfte und Sonderpädagogen vermehrt Möglichkeiten zur Prävention und Intervention bei schulischen Schwierigkeiten. Auch Unterschiede im sozioökonomischen Hintergrund können besser aufgefangen werden, da Selektionseffekte durch verfrühte Verteilung auf weiterführende Schulen vermieden werden. Vor diesem Hintergrund sind auch *Zensuren* zu bewerten, da sie selektierend wirken und Bildungswege verbauen können. Damit Inklusion erfolgreich gestaltet werden kann, sind Noten nach italienischem Vorbild bewusst einzusetzen und *alternative Bewertungsmethoden* (z. B. Portfolios und Entwicklungsgespräche) verstärkt zu nutzen. Dabei gilt: Die *Erhöhung der Durchlässigkeit des Schulsystems* und die *Reduzierung des Notendrucks* beim Übergang von der Grundschule auf weiterführende Schulen (v. a. das Gymnasium) sind Voraussetzungen für inklusive Schulorganisation. Im deutschen Bildungssystem werden Schüler mit Migrationshintergrund systematisch benachteiligt. Zum einen ist ihr Anteil an allen Schülern mit sonderpädagogischem Förderbedarf überdurchschnittlich hoch, gleichzeitig erhalten sie deutlich weniger inklusive Förderung als Kinder und Jugendliche ohne Migrationshintergrund (KMK 2014a, 179). Häufig ist diesen Schülern der Weg ans Gymnasium versperrt, sie werden überwiegend an Förder- und Mittelschulen unterrichtet. Die Benachteiligung zeigt sich auch bei den Bildungsabschlüssen, »so gehen ausländische im Vergleich zu deutschen Jugendlichen 2,1-mal so häufig ohne Hauptschulabschluss ab« (ebd., 92). Eine mögliche Lösung für diese Problematik kann Schweden mit seinem gesetzlichen Anspruch auf Unterricht und Förderung in der jeweiligen Muttersprache sein.

Nicht zuletzt ist zur Verwirklichung von Inklusion eine Verankerung auf Gesetzesebene unumgänglich. Die Gesetzgebungen der einzelnen Bundesländer formulieren das Recht auf inklusive Bildung in unterschiedlichem Ausmaß. Mit Blick auf Italien könnte diese Problematik neu aufgegriffen werden. Dort finden sich klar formulierte Gesetze zum Beispiel zu maximalen Klassengrößen, die direkt in den schulischen Alltag hineinwirken.

> **Zusammenfassung Kapitel 3.3**
> Bewertung der Umsetzung von Inklusion in Deutschland:
>
> - Trotz positiver Entwicklungen (z. B. Bremen) hat der Anstieg an inklusiv beschulten Kindern und Jugendlichen mit sonderpädagogischem Förderbedarf noch nicht dazu geführt, die Beschulung an Förderschulen zu reduzieren. Auch auf qualitativer Ebene besteht Verbesserungsbedarf.
> - Nationale und internationale Bewertungsgremien (z. B. der Vereinten Nationen oder der UNESCO) bewerten den Stand der Umsetzung in Deutschland kritisch und bemängeln vor allem die föderalistisch bedingten Differenzen und die starke Selektion im Bildungssystem.
> - Ein Blick auf die Schulsysteme in Schweden und Italien offenbart Verbesserungsmöglichkeiten:
>   – Anpassung der Gesetzgebungen der Bundesländer
>   – feste Inklusionslehrkräfte an den Einzelschulen
>   – spätere Selektion, längeres gemeinsames Lernen
>   – flexible Lehrpläne ohne Sitzenbleiben
>   – verstärkt alternative Formen der Leistungsbewertung
>   – Förderung benachteiligter Kinder (z. B. mit Migrationshintergrund)

4

Fazit – Inklusion in einer exklusiven Gesellschaft?

Ausgangspunkt der Schlussbetrachtungen ist die Frage nach der Priorität der Inklusion in der Bundesrepublik Deutschland: Wie ernsthaft wird eine Umsetzung auf gesamtgesellschaftlicher Ebene angestrebt?

Der Blick in die Geschichte zeigt, dass in Deutschland auch aus historischer Verantwortung heraus ein *moralisches Inklusionsgebot* gegeben ist. Die Rechte von Menschen mit Behinderung – dazu gehört auch das Recht auf Bildung – sind ein Gut, das in der Vergangenheit häufig missachtet wurde. Daraus folgt für die heutige Gesellschaft die Verpflichtung, die (schulische) Bildung beeinträchtigter Kinder und Jugendlicher bestmöglich zu gestalten.

4 Fazit – Inklusion in einer exklusiven Gesellschaft?

Eine Nichtratifizierung der UN-BRK beispielsweise stand für die deutsche Bundesregierung mit Sicht auf den Umgang mit Behinderung im Dritten Reich nicht zur Debatte. Lange Zeit war die Überzeugung vorherrschend, dem Recht auf Bildung für Menschen mit Behinderungen könne im Förderschulsystem bestmöglich entsprochen werden. Diese Einstellung hat sich geändert, mittlerweile wird eine inklusive Beschulung als erstrebenswert angesehen.

Die entscheidende Frage lautet, ob schulische Inklusion in einer eher exklusiv geprägten Gesellschaft gelingen kann.

Schule als Teilsystem der Gesellschaft verfügt seit jeher über eine gewisse *Richtlinienkompetenz*. Immer wieder wurden gesamtgesellschaftliche Entwicklungen im Feld Schule auf ihre Umsetzbarkeit hin ›überprüft‹ bzw. gesellschaftliche Anliegen mit Hilfe der Schule auf den Weg gebracht und legitimiert.

Ein Beispiel ist die *Schulpflicht für behinderte Kinder*. Die Einführung einer verpflichtenden Beschulung resultierte aus der Entdeckung, dass beeinträchtigte Kinder erziehungs- und bildungsfähig sind und den darauffolgenden Bestrebungen, dieser Schülerschaft Erziehung und Bildung zukommen zu lassen. Möckel (1988) bezeichnet diesen Entwicklungsschritt als einzigen Paradigmenwechsel der Heil- und Sonderpädagogik. Dabei wirkten verschiedene gesellschaftliche und schulische Einzelaspekte zusammen. Anthropologische Vorurteile (z. B. eben die Bildungsunfähigkeit behinderter Menschen) oder medizinische Fehlmeinungen (z. B. die Annahme, von Geburt an gehörlose Kinder wären stumm) wurden aufgegeben. Man erkannte, dass behinderte Menschen durch Versuche der Verständigung und Erziehung durchaus aufnahme-, kommunikations- und lernfähig waren. Damit verband sich die Entwicklung und Erprobung spezifischer Unterrichts- und Erziehungsmethoden. Schule übernahm die von der Gesellschaft gewollte Aufgabe zur Bildung und Erziehung behinderter Kinder und schaffte es, diese erfolgreich zu gestalten, deren Umsetzbarkeit aufzuzeigen und durchzusetzen.

4 Fazit – Inklusion in einer exklusiven Gesellschaft?

Die Entwicklungen der nächsten Jahre bzw. Jahrzehnte werden zeigen, ob es sich mit der Inklusion ähnlich verhält. Die gesetzliche Verankerung ist bereits weit fortgeschritten.

Es stellen sich vielmehr gesellschaftliche und pädagogische Fragen:

- Ist die Umsetzung der Gesetzesaufgabe Inklusion (v. a. im Schulsystem) überhaupt gesellschaftlicher Konsens?
- Befürwortet die Gesellschaft eine konsequente Inklusion mit all den damit zusammenhängenden Implikationen?
- Oder soll Inklusion sich vermehrt auf inklusive Projekte und Schulen beschränken, die vereinzelt aus einer sonst exklusiven Gesellschaft herausragen (Leuchtturminklusion)?

Denkt man Inklusion konsequent zu Ende, beschränkt sich die Gleichberechtigung von Menschen mit Behinderung nicht nur auf das Schulsystem, sondern betrifft sämtliche Bereiche des öffentlichen und privaten Lebens (z. B. Arbeit und Beruf, Politik oder Freizeit). Vollwertige gesellschaftliche Teilhabe heißt auch uneingeschränkte Teilnahme an der Gesellschaft, einschließlich der Übernahme von Pflichten und der Ausrichtung an der marktwirtschaftlichen Grundordnung. Um im Geflecht von Markt, Wettbewerb und Konkurrenzdenken bestehen zu können, ist ein hohes Maß an Flexibilität, Mobilität und Eigenregie erforderlich. Das Denkmodell des unternehmerischen Selbst (Bröckling 2007), das eine ständige Ausrichtung am Wirtschaftlichen verbunden mit permanenter Wettbewerbsorientierung und dem Druck zur Selbstoptimierung in allen Lebensbereichen formuliert, zeigt in diesem Zusammenhang mögliche Folgen für Menschen mit Behinderung auf.

Inklusion ist aus dieser Perspektive heraus der Eintritt in eine normierte Leistungsgesellschaft. Befürwortet wird Inklusion nur, wenn sich die Beteiligten nahtlos einfügen oder, mit drastischeren Worten gesprochen, der Aufwand der Inklusion einen Mehrwert oder einen erfassbaren Gewinn erwarten lässt.

4 Fazit – Inklusion in einer exklusiven Gesellschaft?

Unter dem Aspekt der *Leistungs- und Wettbewerbsorientierung* lassen sich weitere politische bzw. gesellschaftliche Barrieren subsumieren, die der Inklusion entgegenstehen. Exemplarisch sei an dieser Stelle die Selektions- und Allokationsfunktion von Schule genannt, die zu einer erheblichen Paradoxie im Schulsystem führt (Brodkorb 2012, 24).

Schule hat den spezifischen Auftrag, Kinder und Jugendliche auf das nachschulische Leben innerhalb der Gesellschaft vorzubereiten. Als Sozialisationsinstanz vermittelt sie dabei zwischen der Familie eines Schülers und v. a. dem Arbeitsmarkt als Ausdruck der stark wirtschaftlich geprägten Gesellschaft. Das Spannungsfeld zwischen Familie und Arbeitsmarkt ist dabei unaufhebbar. Innerhalb seiner Familie wird jedes Kind zumindest in der Regel so angenommen und wertgeschätzt, wie es ist. Dies gilt aber keinesfalls für das kapitalistische System. Hier wird niemand um seiner selbst willen akzeptiert oder respektiert. Orientierungspunkte sind vielmehr das Leistungsprinzip auf Basis individueller Fähigkeiten und der Wettbewerb vor dem Hintergrund ökonomischer Verwertbarkeit. Diese Diskrepanz wird auch durch die weiteren Aufgaben von Schule sichtbar: Neben der Vorbereitung auf ein Leben in der Leistungsgesellschaft gehören dazu ausdrücklich Erziehung, Fürsorge und die Vermittlung von Verantwortungsgefühl und Hilfsbereitschaft.

Radikale Inklusion fordert für alle Schüler die Möglichkeit, die gleichen Bildungsabschlüsse zu erreichen und negiert so die schulische Selektions- und Allokationsfunktion. Die Folgen wären bedenklich: »Wer der Schule ihre Allokationsfunktion nimmt, zerstört diese nicht generell, sondern verlagert diese nur umso brutaler auf den kapitalistischen Arbeitsmarkt« (ebd., 26). Wenn in einer Schule für Alle alle Schüler die gleichen Abschlüsse erreichen können, dann können aus diesen Abschlüssen keine verwertbaren Informationen mehr über die Leistungsfähigkeit der Schüler gezogen werden.

Auswirkungen dieser Problematik lassen sich in abgeschwächter Form bereits heute beobachten. Da immer mehr Schüler das

Abitur erlangen und so dessen Wertigkeit abnimmt, führen Unternehmen vermehrt Assessmentcenter als Bewerbungsform ein und überprüfen die Eignung und Leistungsfähigkeit der zukünftigen Arbeitnehmer ganz einfach selbst. Es muss nicht erwähnt werden, dass sich solche Assessmentcenter vermehrt an der kapitalistischen Verwertungslogik orientieren und damit gerade die Chancen von Menschen mit Beeinträchtigungen auf dem Arbeitsmarkt noch weiter verschlechtert werden.

Es wird schnell deutlich, dass Inklusion Grenzen haben muss, wenn sie ihre eigenen Ziele nicht verraten will.

Ein Lösungsansatz für die beschriebene Problematik der Allokation kann darin bestehen, der Schule nach wie vor die Aufgabe zuzuschreiben, die Schüler zu bestimmten Abschlüssen zu führen. In einer inklusiven Schule können zum Beispiel vom Förderschulabschluss bis zum Abitur sämtliche Abschlussformen angeboten werden. Allerdings heißt das nicht, dass jeder Schüler automatisch jeden Abschluss erreichen kann. Vielmehr müssen die Lernwege zu diesen Abschlüssen stärker als bisher ausdifferenziert werden. Nicht die Ziele (also die Abschlüsse) selbst, sondern die Mittel zu deren Erreichung werden auf das jeweilige Individuum und seine Lebenslage abgestimmt (ebd., 34). Denn auch im Sinne der Bildungsgerechtigkeit kann in der Schule höchstens garantiert werden, dass die erforderlichen Strukturen geschaffen werden, um jedem Schüler die *Möglichkeit* zu eröffnen, einen bestimmten Schulabschluss zu erreichen und ihn darin bestmöglich zu unterstützen. Daraus kann aber kein Anspruch für alle Schüler auf Erreichen des angestrebten Bildungsabschlusses abgeleitet werden.

Ferner zeigt sich die wenig inklusionsorientierte Prägung der Gesellschaft in der *fehlenden Anerkennung behinderter Menschen*. Der Wert eines Menschen wird in der Regel über das Erreichen gesellschaftlich gesetzter Normen (z. B. Schönheit oder Intelligenz) bestimmt, die Behinderte häufig nicht erfüllen können. Die Folge ist nach wie vor eine Abwertung aufgrund von Andersartigkeit in Verhalten oder Aussehen.

4 Fazit – Inklusion in einer exklusiven Gesellschaft?

Die Ausgrenzung behinderter Menschen beruht zu weiten Teilen auf Vorurteilen und Ängsten, die nach wie vor die Gesellschaft prägen. Dazu zählen ein generelles Unbehagen gegenüber Fremdem, Berührungsängste oder Unsicherheit im Umgang mit Behinderung. In vielen gesellschaftlichen Feldern, darunter auch solche, die sich beruflich mit Behinderung auseinandersetzen, finden sich konkrete Bedenken, Inklusion führe zu Überforderung und einem Abfall des Leistungsniveaus der Gesellschaft.

Insgesamt sind innerhalb der Gesellschaft vermehrt exkludierende Tendenzen und Einstellungen auszumachen, »das politische System spätmoderner Gesellschaften ist nicht auf die Wertschätzung von Heterogenität und radikaler Pluralität ausgerichtet« (Dederich 2014, 21).

Zusammenfassend kann ein *Spannungsfeld* beschrieben werden, das aus dem Widerspruch zwischen moralischem Inklusionsgebot in Verbindung mit einem »besinnungslose[n] Machbarkeitswahn« (Flaig 2012, 53) und gesetzlichen Vorgaben auf der einen Seite und ausgrenzenden gesellschaftlichen Tendenzen auf der anderen Seite besteht. Dadurch erscheint eine erfolgreiche Umsetzung der Inklusion bisweilen äußerst hindernisreich. Ahrbeck (2014) ergänzt völlig zu Recht, dass es eine inklusive Gesellschaft, zumindest in ihrer radikalen Ausprägung, nicht geben kann. Sonst wäre die Auflösung des Leistungsprinzips die logische Folge.

Dieses Spannungsfeld wird der zweite Band der Buchreihe mit dem Titel *Exklusion durch Inklusion? Stolpersteine bei der Umsetzung* versuchen aufzugreifen, indem positive (Entwicklungschancen und Umsetzungsmöglichkeiten) sowie negative Seiten (Grenzen auf verschiedenen Ebenen) schulischer Inklusion beleuchtet und diskutiert werden.

4 Fazit – Inklusion in einer exklusiven Gesellschaft?

Schlussfolgerungen des ersten Bandes zur konkreten Umsetzung inklusiver Beschulung

- Die Auseinandersetzung mit und die Umsetzung der Inklusion bedarf in manchen Bereichen (z. B. die Diskussion um die richtigen Begrifflichkeiten) einer pragmatischeren Ausrichtung als bisher. Die fachlichen Auseinandersetzungen, die stark normativ und ideologisch geführt werden, dürfen nicht zulasten der Schüler ausgetragen werden.
- Die Verwendung des Inklusionsbegriffs innerhalb der deutschen Diskussion ist zu überdenken. Zu diskutieren ist unter anderem eine Erweiterung um eine reflexive und eine relationale Dimension.
- Im Mittelpunkt der Inklusionsbemühungen steht das Wohl der einzelnen Schüler. Bei der Klärung der Frage nach der Art der Beschulung, nach dem Förderort oder der notwendigen Förderung und Unterstützung muss diese Maxime als Orientierungspunkt dienen.
- Durch eine realistische Auseinandersetzung wird Inklusion vor überzogenen Ansprüchen geschützt. Denn es geht vor allem darum, die Betroffenen zu beteiligen und nicht um ein schulorganisatorisch oder ideologisch begründetes Dogma zur Durchsetzung gemeinsamen Unterrichts.
- Durch die Beschäftigung mit Inklusion wird schnell deutlich, dass sie Grenzen haben muss, wenn sie nicht an den eigenen Zielen scheitern soll. Zudem ist auch das, was Schule leisten kann, nicht unbegrenzt. Dies muss akzeptiert werden, damit Inklusion als Leitidee nicht zu einer Paradiesvorstellung wird, die in der Praxis nicht umsetzbar ist.
- Schulische Inklusion ist kein neues Phänomen, erste Versuche integrativer Beschulung finden sich bereits in den 1970er Jahren. Es ergeben sich also vielfältige Ansatzpunkte und Erfahrungen, die für die Einschätzung der heutigen Entwicklungen hilfreich sind.

4 Fazit – Inklusion in einer exklusiven Gesellschaft?

- Inklusion wird nicht nur in Deutschland thematisiert. Viele Länder (z. B. Italien) haben ihre Bildungssysteme bereits seit Langem auf gemeinsame Beschulung eingestellt. Auch wenn nicht alle Gesichtspunkte ohne Weiteres auf das deutsche Schulsystem übertragbar sind, lohnt sich dennoch ein Blick ins Ausland, um erfolgreiche Konzeptionen auf ihre Adaptierbarkeit zu überprüfen zu können.
- Der aktuelle Stand der Inklusionsbemühungen verdeutlicht, dass die Umsetzung Zeit benötigt und nicht von heute auf morgen erfolgen kann. Es ist ratsam, Schritt für Schritt vorzugehen, einzelne Etappen auf ihren Erfolg hin zu überprüfen und mögliche Rückschritte einzuplanen.
- Innerhalb der Gesellschaft sind in verschiedenen Bereichen exkludierende Tendenzen und Mechanismen vorhanden. Es ist wichtig, sich diesem Spannungsfeld, das die Gesellschaft prägt, bewusst zu sein und es nicht zu ignorieren.

Literatur

Ahrbeck, B. (2014): Inklusion. Eine Kritik. Stuttgart.
Allemann-Ghionda, C. (2013): Bildung für alle, Diversität und Inklusion. Internationale Perspektiven. Paderborn.
Barow, T. (2013): Vorbild oder Zerrbild? Außen- und Innenperspektiven auf inklusive Bildung in Schweden. In: P. Sehrbrock/A. Erdélyi/S. Gand (Hrsg.): Internationale und vergleichende Heil- und Sonderpädagogik und Inklusion. Individualität und Gemeinschaft als Prinzipien internationaler Heil- und Sonderpädagogik. Bad Heilbrunn, 130–143.
Barthelheimer, P. (2007): Politik der Teilhabe. Ein soziologischer Beipackzettel. Online verfügbar unter: http://library.fes.de/pdf-files/do/04655.pdf (Zugriff: 12.06.2015).
Bayerischer Landtag (2012): Schriftliche Anfrage des Abgeordneten Thomas Gehring (Bündnis 90/Die Grünen) vom 12.04.2012: Bayern auf dem Weg zur inklusiven Schule mit Antwort des Staatsministeriums für Unterricht und Kultus vom 29.05.2012. Online verfügbar unter: https://www.bayern.landtag.de/www/ElanTextAblage_WP16/Drucksachen/Schriftliche%20Anfragen/16_0012730.pdf (Zugriff: 22.05.2015).
Bayerisches Landesamt für Statistik und Datenverarbeitung (2014a): Statistische Berichte. Gymnasien, Abendgymnasien, Kollegs, Gesamtschulen, Freie Waldorfschulen, Munich International School, Private Lyzeen der Republik Griechenland, Private Deutsch-Französische Schule, Bavarian International School, Franconian International School, St. George's – The English International School, Europäische Schule München. Schuljahr 2013/14. Online verfügbar unter: https://www.statistik.bayern.de/veroeffentlichungen/index.php?cat=c8_Bildung–Rechtspflege.html (Zugriff: 13.05.2015).
Bayerisches Landesamt für Statistik und Datenverarbeitung (2014b): Statistische Berichte. Realschulen, Realschulen zur sonderpädagogischen Förderung, Abendrealschulen in Bayern 2013/14. Online verfügbar unter: https://www.statistik.bayern.de/veroeffentlichungen/index.php?cat=c8_Bildung–Rechtspflege.html (Zugriff: 13.05.2015).
Bayerisches Landesamt für Statistik und Datenverarbeitung (2014c): Statistische Berichte. Grundschulen sowie Mittel-/Hauptschulen in Bayern, Stand: 1. Oktober 2013. Online verfügbar unter: https://www.statistik.

bayern.de/veroeffentlichungen/index.php?cat=c8_Bildung-Rechtspflege.¬html (Zugriff: 13.05.2015).

Bayerisches Staatsministerium für Unterricht und Kultus (2011a): Inklusion durch eine Vielfalt schulischer Angebote. Zur Umsetzung der UN-Behindertenrechtskonvention in Bayern. Online verfügbar unter: http://www.¬km.bayern.de/download/3191_konzeptpapier_zur_umsetzung_des_gesetz¬entwurfs_inklusion_13_2.pdf (Zugriff: 21.05.2015).

Bayerisches Staatsministerium für Unterricht und Kultus (2011b): Rahmenlehrplan für den Förderschwerpunkt Lernen. Online verfügbar unter: http://www.isb.bayern.de/foerderschulen/lehrplan/foerderschulen/lehrpla¬ene-foerderschwerpunkt-lernen/lernen/1149/ (Zugriff: 21.05.2015).

Bayerisches Staatsministerium für Bildung und Kultus (2013): Schulprofil Inklusion: Weitere 39 Schulen erhalten Urkunde. Meldung auf der Homepage des Ministeriums. Online verfügbar unter: http://www.km.bayern.de¬/schueler/meldung/2280/schulprofil-inklusion-weitere-39-schulen-erhal¬ten-urkunden.html (Zugriff: 21.05.2015).

BayEUG (2003): Bayerisches Gesetz über das Erziehungs- und Unterrichtswesen. In: Schulordnung für Gymnasien. Textausgabe mit ausführlichem Stichwortverzeichnis mit Gesetz über das Erziehungs- und Unterrichtswesen BayEUG. 44. Aufl., abgeschlossen nach dem Rechtsstand vom 1. September 2003. Kronach.

BayEUG (2011): Bayerisches Gesetz über das Erziehungs- und Unterrichtswesen. In: Schulordnung für die Gymnasien. Textausgabe. Gymnasialschulordnung (GSO) und Bayerisches Erziehungs- und Unterrichtsgesetz (BayEUG). 52. geänderte Aufl., abgeschlossen nach dem Rechtsstand vom 1. August 2011. Kronach.

Begemann, E. (1970): Die Erziehung der sozio-kulturell benachteiligten Schüler. Zur erziehungswissenschaftlichen Grundlegung der Hilfsschulpädagogik. Hannover.

Bellenberg, G. (2012): Schulformwechsel in Deutschland. Durchlässigkeit und Selektion in den 16 Schulsystemen der Bundesländer innerhalb der Sekundarstufe I. Gütersloh.

Biermann, J./Powell, J.W. (2014): Institutionelle Dimensionen inklusiver Schulbildung. Herausforderungen der UN-Behindertenrechtskonvention für Deutschland, Island und Schweden im Vergleich. In: Zeitschrift für Erziehungswissenschaft 4, 679–700.

Biesold, H. (1988): Klagende Hände. Betroffenheit und Spätfolgen in Bezug auf das Gesetz zur Verhütung erbkranken Nachwuchses dargestellt am Beispiel der Taubstummen. Solms.

Bleidick, U./Rath, W./Schuck, K. D. (1995): Die Empfehlungen der Kultusministerkonferenz zur sonderpädagogischen Förderung in den Schulen der Bundesrepublik Deutschland. In: Zeitschrift für Pädagogik 2, 247–264.

Blöchle, S. J. (2010): Italien. In: H. Döbert/W. Hörner/B. von Kopp/L. R. Reuter (Hrsg.): Die Bildungssysteme Europas. 3. Aufl. Baltmannsweiler, 322–342.

Bohn, C. (2006): Inklusion, Exklusion und die Person. Konstanz.

Böttinger, T. (2015): Möglichkeiten und Grenzen sonderpädagogischer Förderung in Regelschulen unter besonderer Berücksichtigung des Förderschwerpunktes Lernen. Mannheim.

Booth, T./Ainscow, M. (2003): Index für Inklusion. Lernen und Teilhabe in der Schule der Vielfalt entwickeln. Übers. von I. Boban/A. Hinz. Wittenberg.

Braune-Krickau, T./Ellinger, S./Sperzel, C. (Hrsg.) (2013): Handbuch Kulturpädagogik für benachteiligte Jugendliche. Weinheim/Basel.

Brodkorb, M. (2012): Warum Inklusion unmöglich ist. Über schulische Paradoxien zwischen Liebe und Leistung. In: M. Brodkorb/K. Koch (Hrsg.): Das Menschenbild der Inklusion. Erster Inklusionskongress M-V. Dokumentation. Schwerin, 13–36.

Bröckling, U. (2007): Das unternehmerische Selbst. Soziologie einer Subjektivierungsform. Frankfurt a. M.

Bundesverfassungsgericht (1997): Beschluss vom 8. Oktober 1997 – 1 BvR 9/97. Online verfügbar unter: http://www.bundesverfassungsgericht.de/SharedDocs/Entscheidungen/DE/1997/10/rs19971008_1bvr000997.html (Zugriff: 11.08.2015).

Caciagli, M. (2010): Die politische Kultur Italiens. In: Landeszentrale für politische Bildung Baden-Württemberg (Hrsg.): Der Bürger im Staat. Italien. Heft 2/2010, 178–184.

Committee on the Rights of Children (2014): United Nations. Convention on the Rights of the Child. Concluding observations on the combined third and fourth periodic reports of Germany. Online verfügbar unter: http://www.institut-fuer-menschenrechte.de/fileadmin/user_upload/PDF-Dateien/Pakte_Konventionen/CRC/crc_state_report_germany_3_4_2010_cobs_2014_en.pdf (Zugriff: 12.06.2015).

Committee on the Rights of Persons with Disabilities (2015): Concluding observations on the initial report of Germany. Thirteenth session, 25 March–17 April 2015. Online verfügbar unter: http://nitsa-ev.de/wp-content/uploads/2015/04/UN-Empfehlungen_zur_BRK-Umsetzung_engl.pdf (Zugriff: 11.06.2015).

Conradi, E. (2011): Kosmopolitische Zivilgesellschaft. Inklusion durch gelingendes Handeln. Frankfurt a. M.

Dederich, M. (2014): Inklusion zwischen Wunsch und Wirklichkeit. In: H.-P. Färber/T. Seyfarth/A. Blunck/E. Vahl-Seyfarth/L. Leibfritz/G. Mohler (Hrsg.): Alles inklusive!? Teilhabe und Wertschätzung in der Leistungsgesellschaft. Mössingen, 11–22.

Deutsche UNESCO-Kommission (2014): Bonner Erklärung zur Inklusiven Bildung in Deutschland. Online verfügbar unter: http://www.unesco.de/fileadmin/medien/Dokumente/Bildung/EKIB_Gipfel2014_finale_Version_Abschlusserkl%C3%A4rung.pdf (Zugriff: 11.06.2015).

Deutscher Bildungsrat (Hrsg.) (1969): Gutachten und Studien der Bildungskommission. Band 4: Begabung und Lernen. Ergebnisse und Folgerungen neuer Forschungen. Stuttgart.

Deutscher Bildungsrat (1970): Empfehlungen der Bildungskommission. Strukturplan für das Bildungswesen. Stuttgart.

Deutscher Bildungsrat (1973): Zur pädagogischen Förderung behinderter und von Behinderung bedrohter Kinder und Jugendlicher. Verabschiedet auf der 34. Sitzung der Bildungskommission am 12./13. Oktober 1973 in Bonn. Stuttgart.

Deutscher Lehrerverband (2013): Positionspapier Inklusion. In: Wirtschaft und Erziehung 4, 152–154.

Deutsche Verwaltung für Volksbildung (1947): Ausführungsbestimmungen zum § 6a des Gesetzes zur Demokratisierung der deutschen Schule, herausgegeben von der deutschen Verwaltung für Volksbildung in der sowjetischen Besatzungszone. In: B. Werner (1999): Sonderpädagogik im Spannungsfeld zwischen Ideologie und Tradition. Zur Geschichte der Sonderpädagogik unter besonderer Berücksichtigung der Hilfsschulpädagogik in der SBZ und der DDR zwischen 1945 und 1952. Hamburg, Quellentext Nr. 8, 376–378.

Dohmen, M./Esser, D. (2014): Inklusive Beschulung von Schülern mit sozialemotionalem Förderbedarf – aber wie? Zweiter Teil. Norderstedt.

Dollase, R. (2014): Die Vision und das Machbare. Grenzen und Möglichkeiten der Inklusion. In: Die politische Meinung 2, 64–69.

Ederer, K. A. (1950): Vom amerikanischen Sonderschulwesen. In: Schule und Gegenwart 9, 10–12.

Ellger-Rüttgardt, S. (1998): Der Verband der Hilfsschulen Deutschlands auf dem Weg von der Weimarer Republik in das Dritte Reich. In: Verband deutscher Sonderschulen (Hrsg.): Erfolg, Niedergang, Neuanfang. 100 Jahre Verband Deutscher Sonderschulen – Fachverband für Behindertenpädagogik. München, 50–95.

Ellger-Rüttgardt, S. (2012): Geschichte der heil- und sonderpädagogischen Institutionen im schulischen Bereich. In: U. Heimlich/J. Kahlert (Hrsg.): Inklusion in Schule und Unterricht. Wege zur Bildung für alle. Stuttgart, 27–80.

Ellinger, S./Engelhardt, C. (2006): Schweden: Das gelobte Land der Integration? Eine kritische Würdigung der »en skola för alla«. In: Spuren. Sonderpädagogik in Bayern 2, 2–12.

Enders, A. (2013): Italiens inklusive Schulen – ein Vorbild für Deutschland? In: Zeitschrift für Grundschulforschung 1, 88–101.

Flaig, E. (2012): Inklusion. Überlegungen zur Zerstörung des humanistischen Menschenbildes. In: M. Brodkorb/K. Koch (Hrsg.): Das Menschenbild der Inklusion. Erster Inklusionskongress M-V. Dokumentation. Schwerin, 47–56.

Frühauf, T. (2012): Von der Integration zur Inklusion. Ein Überblick. In: A. Hinz/J. Körner/U. Niehoff (Hrsg.): Von der Integration zur Inklusion: Grundlagen, Perspektiven, Praxis. 3. Aufl. Marburg, 11–33.

Goschler, W. (2014): Mobile Sonderpädagogische Dienste: Inklusion durch Kooperation. In: E. Fischer (Hrsg.): Heilpädagogische Handlungsfelder. Grundwissen für die Praxis. Stuttgart, 88–122.

Greving, H. (2013): Inklusion. Eine kritische Betrachtung in historischer Perspektive. Online verfügbar unter: http://www.beaonline.de/cms/docs/¬2013/2013-BeA-FT-Vortrag-Heinrich-Greving.pdf (Zugriff: 27.05.2015).

Hinz, A. (2012): Inklusion – historische Entwicklungslinien und internationale Kontexte. In: A. Hinz/J. Körner/U. Niehoff (Hrsg.): Von der Integration zur Inklusion: Grundlagen, Perspektiven, Praxis. 3. Aufl. Marburg, 33–53.

Hinz, A. (2015): Inklusion als Vision und Brücken zum Alltag. Über Anliegen, Umformungen und Notwendigkeiten schulischer Inklusion. In: T. Häcker/M. Walm (Hrsg.): Inklusion als Entwicklung. Konsequenzen für Schule und Lehrerbildung. Bad Heilbrunn, 68–84.

Isecke, A. (2013): Inklusion im Bildungssystem. Situation und Entwicklungstendenzen in Deutschland und ausgewählten EU-Staaten. Hamburg.

Klauer, K. J. (1964): Über den Begriff der Sonderschule – eine schulrechtlich-pädagogische Studie. In: Zeitschrift für Heilpädagogik 6, 1–20.

KMK – Ständige Konferenz der Kultusminister (1960): Gutachten zur Ordnung des Sonderschulwesens. In: Ständige Konferenz der Kultusminister (Hrsg.): Sammlung der Beschlüsse der Ständigen Konferenz der Kultusminister der Länder in der Bundesrepublik Deutschland. Band I. Neuwied/Darmstadt.

KMK – Ständige Konferenz der Kultusminister (1972): Empfehlung zur Ordnung des Sonderschulwesens. Nienburg/Weser.

Literatur

KMK – Ständige Konferenz der Kultusminister (1994a): Empfehlungen der Kultusministerkonferenz zur Sonderpädagogischen Förderung in den Schulen in der Bundesrepublik Deutschland vom 5./6.Mai 1994. In: W. Drave/F. Rumpler/P. Wachtel (Hrsg.) (2000): Empfehlungen zur sonderpädagogischen Förderung. Allgemeine Grundlagen und Förderschwerpunkte (KMK) mit Kommentaren. Würzburg, 25–39.

KMK – Ständige Konferenz der Kultusminister (1994b): Empfehlungen zur Arbeit in der Grundschule. Beschluss der Kultusministerkonferenz vom 2.7.1970 in der Fassung vom 6. Mai 1994. Online verfügbar unter: http://www.kmk.org/fileadmin/veroeffentlichungen_beschluesse/1970/1970_07_02_Empfehlungen_Grundschule.pdf (Zugriff: 02.06.2015).

KMK – Ständige Konferenz der Kultusminister (1999): Empfehlungen zum Förderschwerpunkt Lernen. In: W. Drave/F. Rumpler/P. Wachtel (Hrsg.) (2000): Empfehlungen zur sonderpädagogischen Förderung. Allgemeine Grundlagen und Förderschwerpunkt (KMK) mit Kommentaren. Würzburg, 299–315.

KMK – Ständige Konferenz der Kultusminister (2010): Pädagogische und rechtliche Aspekte der Umsetzung des Übereinkommens der Vereinten Nationen vom 13. Dezember 2006 über die Rechte von Menschen mit Behinderungen (Behindertenrechtskonvention – VN-BRK) in der schulischen Bildung: Beschluss der Kultusministerkonferenz vom 18.11.2010. Online verfügbar unter: http://www.kmk.org/fileadmin/veroeffentlichungen_beschluesse/2010/2010_11_18-Behindertenrechtkonvention.pdf (Zugriff: 12.05.2015).

KMK – Ständige Konferenz der Kultusminister (2011): Inklusive Bildung von Kindern und Jugendlichen mit Behinderungen in Schulen. Beschluss der Kultusministerkonferenz vom 20.10.2011. Online verfügbar unter: http://www.kmk.org/fileadmin/veroeffentlichungen_beschluesse/2011/2011_10_20-Inklusive-Bildung.pdf (Zugriff: 12.05.2015).

KMK – Ständige Konferenz der Kultusminister (2014a): Bildung in Deutschland 2014. Ein indikatorgestützter Bericht mit einer Analyse zur Bildung von Menschen mit Behinderung. Online verfügbar unter: http://www.bildungsbericht.de/daten2014/bb_2014.pdf (Zugriff: 01.06.2015).

KMK – Ständige Konferenz der Kultusminister (2014b): Bildung in Deutschland 2014. Wichtige Ergebnisse im Überblick. Online verfügbar unter: http://www.bildungsbericht.de/daten2014/wichtige_ergebnisse_presse_2014.pdf (Zugriff: 01.06.2015).

KMK – Ständige Konferenz der Kultusminister (2015): Schüler, Klassen, Lehrer und Absolventen der Schulen 2005 bis 2014. Online verfügbar unter:

https://www.kmk.org/fileadmin/Dateien/pdf/Statistik/Dokumentationen/Dok_209_SKL_2014.pdf (Zugriff: 08.02.2016).

KMK – Ständige Konferenz der Kultusminister (2016): Sonderpädagogische Förderung in Schulen 2005 bis 2014. Online verfügbar unter: https://www.kmk.org/fileadmin/Dateien/pdf/Statistik/Dokumentationen/Dok_210_SoPae_2014.pdf (Zugriff: 09.02.2016).

Kreuzer, M./Hermann, M. (2013): Inklusion und Diversity. Zwei Seiten der gleichen Medaille? In: P. Sehrbrock/A. Erdélyi/S. Gand (Hrsg.): Internationale und vergleichende Heil- und Sonderpädagogik und Inklusion. Individualität und Gemeinschaft als Prinzipien internationaler Heil- und Sonderpädagogik. Bad Heilbrunn, 12–22.

Kronauer, M. (2002): Exklusion. Die Gefährdung des Sozialen im hoch entwickelten Kapitalismus. Frankfurt a. M.

Malecki, A. (2013): Sonderpädagogische Förderung in Deutschland – eine Analyse der Datenlage in der Schulstatistik. Statistisches Bundesamt. Online verfügbar unter: https://www.destatis.de/DE/Publikationen/WirtschaftStatistik/BildungForschungKultur/SonderpaedagogischeFoerderung_52013.pdf?__blob=publicationFile (Zugriff: 25.05.2015).

Möckel, A. (1988): Geschichte der Heilpädagogik. Stuttgart.

Möckel, A. (2007): Geschichte der Heilpädagogik. 2. Aufl. Stuttgart.

Nida-Rümelin, J. (2013): Philosophie einer humanen Bildung. Hamburg.

Pemsel-Maier, S./Schambeck, M. (2014): Inklusion!? – Religionspädagogische Einwürfe. Freiburg i. Br.

Rauh, B. (2012): Förderschwerpunkt Lernen. Stellungnahme zu den KMK-Empfehlungen Inklusive Bildung von Kindern und Jugendlichen mit Behinderungen in Schulen (Beschluss der Kultusministerkonferenz vom 20.10.2011). In: Sonderpädagogische Förderung heute 4, 410–414.

Reichsschulpflichtgesetz (1938): Gesetz über die Schulpflicht im Deutschen Reich vom 6. Juli 1938. In: H. Kanz (Hrsg.) (1990): Der Nationalsozialismus als pädagogisches Problem. Deutsche Erziehungsgeschichte 1933–1945. 2. Aufl. Frankfurt a. M., 227–231.

Schade, W. (1962): Allgemeine Grundsätze der Arbeit in der Hilfsschule. Berlin-Charlottenburg.

Scharloth, J. (2011): 1968 – Eine Kommunikationsgeschichte. München.

Schmidt, M./Dworschak, W. (2011): Inklusion und Teilhabe. Gleichbedeutende oder unterschiedliche Leitbegriffe in der Sonder- und Heilpädagogik? In: Zeitschrift für Heilpädagogik 7, 269–280.

Schumann, B. (2007): »Ich schäme mich ja so!« Die Sonderschule für Lernbehinderte als »Schonraumfalle«. Bad Heilbrunn.

Literatur

Schöler, J. (2013): Über Integration hinaus – was Inklusion bedeutet. In: B. Minges (Hrsg.): Inklusion. Ein Einblick für Schulleitungen. Stuttgart, 1–13.

Senatorin für Bildung und Wissenschaft der Hansestadt Bremen (2013): Erste Verordnung für unterstützende Pädagogik vom 22. Mai 2013. Online verfügbar unter: http://inklusion.schule.bremen.de/images/docs/13_2013_06_17_Verordnung_unterst_Paed.pdf (Zugriff: 11.06.2015).

Speck, O. (2011): Schulische Inklusion aus heilpädagogischer Sicht. Rhetorik und Realität. 2. Aufl. München/Basel.

Statistisches Bundesamt (2015): Pressemitteilung vom 12. November 2015. 0,3 % weniger Schulanfänger 2015 im Vergleich zum Vorjahr. Online verfügbar unter: https://www.destatis.de/DE/PresseService/Presse/Pressemitteilungen/2015/11/PD15_418_211pdf.pdf?__blob=publicationFile (Zugriff: 08.02.2016).

Stein, R./Ellinger, S. (2015): Zwischen Separation und Inklusion: zum Forschungsstand im Förderschwerpunkt emotionale und soziale Entwicklung. In: R. Stein/T. Müller (Hrsg.): Inklusion im Förderschwerpunkt emotionale und soziale Entwicklung. Stuttgart, 76–109.

Tent, L./Witt, M./Zschoche-Lieberum, C./Buerger, W. (1991): Über die pädagogische Wirksamkeit der Schule für Lernbehinderte. In: Zeitschrift für Heilpädagogik 5, 289–320.

UNESCO (1994): Die Salamanca-Erklärung und der Aktionsrahmen zur Pädagogik für besondere Bedürfnisse – angenommen von der »Weltkonferenz Pädagogik für besondere Bedürfnisse: Zugang und Qualität«, Salamanca, Spanien, 7.–10. Juni 1994. Online verfügbar unter: http://www.unesco.at/bildung/basisdokumente/salamanca_erklaerung.pdf (Zugriff: 21.05.2015).

Verband deutscher Hilfsschulen (1954): Denkschrift zu dem Ausbau des heilpädagogischen Sonderschulwesens. In: A. Möckel (Hrsg.) (1998): Erfolg, Niedergang, Neuanfang. 100 Jahre Verband Deutscher Sonderschulen – Fachverband für Behindertenpädagogik. München, 306–339.

Vereinte Nationen (2006): Übereinkommen über die Rechte von Menschen mit Behinderungen vom 13. Dezember 2006. Online verfügbar unter: http://www.institut-fuer-menschenrechte.de/fileadmin/user_upload/PDF-Dateien/Pakte_Konventionen/CRPD_behindertenrechtskonvention/crpd_b_de.pdf (Zugriff: 12.05.2015).

Vernooij, M.A. (2007): Einführung in die Heil- und Sonderpädagogik. Theoretische und praktische Grundlagen der Arbeit mit beeinträchtigten Menschen. 8. Aufl. Wiebelsheim.

Wansing, G. (2013): Der Inklusionsbegriff zwischen normativer Programmatik und kritischer Perspektive. In: Archiv für Wissenschaft und Praxis der sozialen Arbeit 3, 16–28.

Warnock Report (1978): Special Educational Needs. Report of the Committee of Enquiry into the Education of Handicapped Children and Young People. Online verfügbar unter: http://www.educationengland.org.uk/documents/warnock/warnock1978.html#03 (Zugriff: 26.05.2015).

Werler, T./Claesson, S. (2010): Schweden. In: H. Döbert/W. Hörner/B. von Kopp/L. R. Reuter (Hrsg.) Die Bildungssysteme Europas. 3. Aufl. Baltmannsweiler, 645–664.

Widmaier, B. (2012): Außerschulische politische Bildung nach 1945 – Eine Erfolgsgeschichte? In: Aus Politik und Zeitgeschichte (APuZ). Beilage der Wochenzeitung Das Parlament 46/47, 9–16.

Wocken, H. (1996): Sonderpädagogischer Förderbedarf als systemischer Begriff. In: Sonderpädagogik. Vierteljahreszeitschrift über aktuelle Probleme der Behinderung in Schule und Gesellschaft 1, 34–48.

Wocken, H. (2014): Bayern integriert Inklusion. Über die schwierige Koexistenz widersprüchlicher Systeme. Hamburg.

Bernd Ahrbeck

Inklusion
Eine Kritik

3., aktualisierte Auflage 2016
160 Seiten. Kart. € 26,-
ISBN 978-3-17-031598-3
Brennpunkt Schule

Die schulische Inklusion ist heute ein allseits akzeptiertes Ziel. Ein Mehr an Gemeinsamkeit von Kindern mit und ohne Behinderung kann nur begrüßt werden. Allerdings bleiben in der Inklusionsdebatte viele der anstehenden Fragen ungeklärt, darunter auch solche grundsätzlicher Art. Sie beziehen sich auf das Fernziel einer „inklusiven" Gesellschaft, das weitreichende Versprechen einer neuen Bildungsgerechtigkeit und gewagte pädagogische Konzepte, die dazu führen, dass die Bedürfnisse behinderter Kinder nur noch unzureichend beachtet werden. Vor unrealistischen Erwartungen, die mit einem radikalen Inklusionsverständnis einhergehen, wird gewarnt. Mit der Inklusion beginnt kein neues Zeitalter der Pädagogik: Die Grenzen des Möglichen und Sinnvollen müssen gesehen und anerkannt werden.

Leseproben und weitere Informationen unter www.kohlhammer.de

W. Kohlhammer GmbH
70549 Stuttgart

Gottfried Biewer/
Eva Theresa Böhm/
Sandra Schütz (Hrsg.)

Inklusive Pädagogik in der Sekundarstufe

2015. 178 Seiten, 4 Abb., 3 Grafiken Kart. € 27,-
ISBN 978-3-17-029727-2

Bildungspolitisch sind die Weichen auf Inklusion gestellt. Im Hinblick auf die konkrete Umsetzung der Inklusion in der Sekundarstufe I und II sehen sich nicht nur die Lehrer/innen, sondern auch die wissenschaftliche Pädagogik und Didaktik mit einer Reihe ungelöster Probleme konfrontiert. Es geht dabei um grundlegende Fragen des Lernens und Lehrens unter völlig veränderten Rahmenbedingungen.
Der Band vermittelt den internationalen Forschungsstand zu diesen strittigen Fragen durch abgestimmte Beiträge international führender Wissenschaftler/innen aus Europa, Nordamerika und Australien. Dabei werden zunächst die Umrisse der anstehenden Strukturreformen in den Schulen skizziert. Anhand der unterschiedlichen Schülerklientel mit heterogenen Leistungs- und Problem-Profilen werden die Herausforderungen und Chancen inklusiver Pädagogik und Didaktik markiert und Veränderungen der Rolle der Lehrkräfte herausgearbeitet.

auch als EBOOK

Leseproben und weitere Informationen unter www.kohlhammer.de

W. Kohlhammer GmbH
70549 Stuttgart

Sieglind Luise Ellger-Rüttgardt

Inklusion
Vision und Wirklichkeit

2016. 204 Seiten, 2 Abb. Kart.
€ 29,–
ISBN 978-3-17-029386-1
Kohlhammer Kenntnis und Können

Das Thema „Inklusion" ist in der Mitte der deutschen Gesellschaft angekommen. Das Buch will den Streit um das Für und Wider der Inklusion nicht fortführen. Es setzt vielmehr an der für die Gegenwart einzig entscheidenden Frage an: Wie lässt sich das Ziel der Inklusion in gesellschaftliche Praxis umsetzen?

Das Buch öffnet den Blick für die historischen Dimensionen, die internationalen Erfahrungen, die Hemmnisse und Chancen in den Gesellschafts- und Bildungssystemen und schließlich auf das Selbstverständnis der Akteure und die Sicht der Betroffenen. Sichtbar werden so die Chancen der „Vision Inklusion" in menschenfreundlicheren Gesellschaften.

auch als
EBOOK

Leseproben und weitere Informationen unter www.kohlhammer.de

W. Kohlhammer GmbH
70549 Stuttgart